U0073632

爸媽也能成為小孩的神隊友！

讓黃老斯溫柔帶領爸媽
一起走入小孩的內心世界，
從「心」建立親子教養關係。

Preface 作者序

　　在醫院從事復健科職能治療的這些年，我接觸到許多爸媽非常關心孩子卻力不從心，常常覺得「為什麼我的孩子都講不聽？」「為什麼他總是會有這些行為？」經過觀察與評估後，才發現自己可能一直都用錯方法，甚至是「誤解」了孩子而不自覺。

　　每當看到爸媽們在教養過程中頻頻感到自責又受挫，我隨即就是一陣一陣的心疼。因此，我一直希望能夠運用我的經驗與專業幫助每位無助的爸媽，給予一些溫柔的提醒，陪伴爸媽一起走入孩子的內心世界，探索孩子行為背後的原因，這也是我寫這本書的初衷。

　　臨床工作的日子裡，我觀察到爸媽們的眾多困擾操煩看起來是五花八門不同的情況，評估後卻發現都是類似的原因造成。於是我把自己從治療室裡遇到的一些常見案例，到走出醫療院所四處演講時接觸到家長的提問，整理成書中一篇篇的教養故事分享給所有爸媽。

　　大家多以為是家庭中照顧者的教養方式、學校老師的教導與其他環境刺激所影響，但其實竟是那常被忽略又是根本的「生理因素」所致，因為從出生到二十幾歲左右，我們的肉體、大腦、認知等都在持續地成長變化，尤其是小學中年級之前，更是各方面發展的黃金期，若面對問題時未

加考慮生理狀況，只想著一方面，便到處找資料尋求教養應對技巧，就很難徹底地解決問題，甚至是緣木求魚。於是，我把這些經典常見的狀況整理在我的第一本書《爸媽請放心》裡面，讓爸媽們能夠按圖索驥，跟著書中的脈絡一步步地推理，不論年紀都能摸索出方向和問題的來源，不至於像是無頭蒼蠅般不知所措。

在這本書中，我同樣是把常見的問題整理成「實際案例」讓爸媽們能快速找到貼近生活的相關狀況情境，透過「黃老斯分析」分享我的看法，在閱讀的過程裡爸媽可以跟著我一起思考、推理。接著列舉參考的解決方法，提供給爸媽參考，最後再附上我親自手寫給爸媽的「愛的教養小便籤」，既能加深印象又方便複習；除此之外，我還有精心整理數篇特輯專文，更詳細地說明臨床中大多數爸媽都關心的議題，相信這本書必能成為教養歷程的神隊友。

把身體的狀況處理好就能解決許多行為問題，像是很多人出現負面情緒的時候不知道是自己肚子餓了，飽餐一頓後就心情平穩，不僅孩子是這樣，爸媽更是如此。若大人狀況不好（壓力大、過度忙與累），理智線就很容易斷掉，便會希望孩子能夠立刻聽話服從而想採取較為激烈的方式（大聲威嚇、打罵體罰之類的），不然就是當下反應不過來，看過的教養書完全忘光、不會運用或根本做不到……身心狀況好才比較有機會耐心教導、溝通和觀察。因此，我真心希望爸媽為了自己和孩子，一定要多多照顧身體喔！

有別於我的上一本書是「從孩子身上找原因」，這回我更希望爸媽能夠一同動動腦思考「在養育孩子的過程中，自己的行為和想法如何呢？」畢竟所謂身教言教就是生活的模樣，孩子被大人的言行舉止潛移默化。想要改變孩子之前，不妨想想「自己是怎麼度過人生的呢？」「自己是一個怎麼樣的大人呢？」

　　我們常常要求孩子要專心學習，不要看與課業無關的東西、不要玩手機和打電動，但自己是否經常追劇、看網路短片、社群軟體聊天，也玩手遊或購物呢？與其限制，是不是教導孩子如何規劃優先順序、分配時間與培養正當休閒會比較好呢？

　　最後，我想和爸媽們分享這段話：

　　一處地方，會隨著如何規劃而有不同的發展；

　　一棵松樹，會隨著如何修剪而有不同的姿態；

　　一個孩子，會隨著如何栽培而有不同的光芒。

　　地方的發展要興盛取決於決策者的想法；

　　松樹的姿態要帥氣取決於栽種者的想法。

　　到底要如何栽培孩子呢？爸媽的想法很重要！

願我的書能在教養的路上陪著爸媽們走一段，適時適度地放慢腳步、釐清想法，找到孩子的特質來對待並栽培，讓他們散發出最閃亮的特質的光，彼此都成為更好的人。

　　再次感謝捷徑文化的王毓芳總編輯與辛苦的同仁們，感謝臨床歲月中所遇到的家長與孩子們。感謝在天國的爸爸、感謝辛苦養育並用人生來愛我的媽媽、感謝關心我的家人朋友們、感謝陪著我經歷人生並全力支持著我的美麗老婆Lily、感謝在北京日夜思念並愛著我的爸媽。

　　感謝教導我人生的牧師、感謝Joshua Jung、Mercy Ju、Molly Wang，我愛你們！感謝總是看顧保守我、成為我的能力與力量的聖靈和主。

　　謹將此書獻給你們，一切榮耀歸給　神。

Contents 目錄

有感‧教養

黃老斯讓爸媽秒懂小孩內心小劇場
親子關係中雙贏

1. 自己的東西自己不整理，也不肯幫忙做點家事

有感實際案例

　　自從上了小學二年級，哲哲的課業學習日漸退步、人際關係也變差，一年級時還很開朗活潑，同學之間也都處得很融洽，但上了二年級後，老師說哲哲常自己一個人坐在教室裡，不會主動找同學，就算同學主動也不想跟同學玩或講話。經過老師與爸媽的觀察發現是由於哲哲常常忘記帶聯絡簿、課本、文具或各種所需物品到學校，而爸媽為了讓哲哲學習對自己負責，和他說好「如果自己忘記帶東西，爸爸媽媽不會幫你送到學校喔」。起初同學會跟哲哲共用，後來紛紛覺得麻煩就不想借他，哲哲常常被拒絕後自尊心也受挫，就開始不想跟同學互動。

　　媽媽會來找我的原因是看到注意力缺失過動症（ADHD）的診斷標準裡有「常掉東西、忘記每天該做的事情、心不在焉」，感覺這根本就是在說哲哲呀！而且還挺嚴重的，所以想來確定會不會是患有ADHD影響到學校的生活。

　　在往注意力缺失過動症的方向去評估之前，我問了一下孩子過去的表現，媽媽說：「之前看他還小，任何家事都沒讓他做，玩具都我在收，從幼兒園開始就幫他整理書包、玩具等等到小一結束，過程中不斷要他看著學，預告了一整年『小二以後要自己收』，家事不會就算了，想不到連自己上學要帶的東西都不會整理……」

　　媽媽接著表示，為了要訓練哲哲，所以完全不幫忙整理，但他真的很奇怪，一整個學期下來絲毫沒有記取教訓，好像也沒感到不好意思，居然日復

一日地忘東忘西，為什麼這麼沒有榮譽感呢？

聽到「榮譽感」三個字，我的眼睛就亮了。若爸媽把狀況歸咎於孩子的「天生性格或態度問題」我認為有點消極，因此必須搶在這想法形成之前先徹底釐清原因的比例。於是我問媽媽：「請問您說哲哲會心不在焉，是否能再描述清楚一點？」

媽媽無奈地回答：「只是叫他做一件簡單的事，卻非常沒有效率，看起來毫無章法、東摸西摸，都要我們再教過才會，平常盥洗、穿衣穿鞋動作都很慢，寫功課也要花很多時間，他爸爸常為了催促他而生氣，對他大聲說話，哲哲就會委屈地哭，他爸爸就更怒，不解到底有什麼好委屈的，哭什麼哭。請老師幫我們確認一下是什麼問題。」

聽完這些內容後，我大概心裡有個底，再評估後發現我的推論應該沒錯，因為真要說起來，哲哲確實有點無辜。

黃老斯分析

哲哲常忘記帶東西且學校表現不佳的原因可能有三個：

（一）沒有好好教導，未給予充分練習機會

（二）思考不夠迅速、計畫能力不佳

（三）缺乏對生活物品的認知與判斷能力

評估過後發現哲哲沒有智能與專注力方面的問題，但為什麼學業表現與社交人際退步並且有ADHD診斷標準內的表現呢？就算是同樣的狀況，背後

的成因也不盡相同，在下定論前真的需要多方確認才行！

　　並不是哲哲不專心、態度不好或沒有榮譽感，最主要的原因是哲哲的爸媽一直沒有「好好地」教他事情該怎麼做，沒陪著他練習也沒給他機會多練習，過去幫太多但後來卻直接要求他自己來；加上小學的課業逐漸困難，日常的任務也趨於複雜，在每天固定又緊湊的時間下，若思考與動作速度不夠就會影響到生活與學習狀況，進而造成更多的壓力，使得情緒不穩，甚至專注力不好。因此，哲哲就是在什麼都不會的狀態下摸索、亂做一通，也沒有找到方法，一直出錯被責罵，逐漸喪失自信感，變得退縮。

　　其實爸媽根本沒有想到「他們認為」這麼簡單又每天在看的事情，孩子居然學不會！以大人的想法來思考，一定會覺得收書包、做家事很簡單，但發展中的孩子在沒有仔細教導和練習的情況下，要做到高效率、流暢又低失誤，確實是一項挑戰。

　　然而，「好好地教」並不只有做給他看、帶著他做或口頭指導好幾次就完成了喔！而是需要講解我們大人做事時是如何規劃的，「有哪些項目要做」、「應該要先做什麼再做什麼」、「要怎麼分配時間與安排動線」、「如何做比較省時省力」。

　　孩子身心發展的程度與照顧者所給予環境刺激十分相關，所以好好地教完之後仍然必須要不斷練習，透過生活中大大小小的食衣住行、自我照顧及做家事多多接觸生活用品，瞭解其功能、使用方法、擺放的位置等，未來他們遇到新的事情時可連結過去積累的經驗，更快地規劃流程，身體動作也會更順暢。

讓孩子學習整理的
五大方法

方法一 / 練習分類物品與歸位

❶ **告訴孩子分類的優點**：需要的時候可以很快找到，有新的東西進來時可以馬上歸位。

❷ **跟孩子討論**：哪些物品應該要放在一起，建立物品性質與使用的概念。
（如：水彩筆和水彩顏料放一起）

方法二 / 分類後歸位

讓孩子自己寫標籤，還不會寫字、認字的孩子可用畫圖或卡通圖（如：有小熊貼紙的抽屜就是放彩色筆和蠟筆的地方、有公主貼紙的櫃子是放玩偶和娃娃的地方、有汽車貼紙的箱子是放交通工具的玩具），也可製作表單貼在牆上讓孩子對照後尋找所需物品。

方法三 / 傳授收納祕訣

爸媽在帶著孩子歸位物品的過程中，告訴他們東西怎麼放比較節省空間、比較容易找得到，什麼東西放在何處比較方便拿取。

方法四／練習做簡單的家事與自我照顧

從日常生活中多讓孩子幫忙，可以強化他們各種能力，例如：

❶ 收衣服、摺衣服並歸位。→強化孩子分類與歸位的能力。

❷ 學習清潔流程、掃除用具的使用與擺放。→強化孩子動作計畫能力與物品使用的能力。

❸ 幫忙大人拿放東西。→強化孩子短期記憶與指令執行能力、動線規劃與位置。

方法五／製作簡易流程表輔助，用圖表以視覺刺激搭配口語來教導

日常生活中的刷牙流程、洗澡流程、收書包流程、掃地流程、出門前流程等，都是教導孩子的好機會，以收書包流程為例：

❶ 查看課表與聯絡簿，一一核對所需物品。

❷ 書包內每天都要帶的物品：聯絡簿、鉛筆盒、水壺等。

❸ 鉛筆盒內貼上或掛上該有的文具與數量的小紙條以供確認：鉛筆3支、橡皮擦1個、直尺1把、紅筆1支等。

食衣住行中該學習的能力，要隨著孩子的身體發展來練習，千萬別為了趕時間、心急求快而凡事出手協助，因為這樣剝奪了孩子學習的機會，可能讓他們做得更不好，大人更看不下去。

只要好好地做，孩子不僅能具備很強的生活能力、獨立有自信，適應環境的速度更快，對於腦部也是很棒的感覺統合刺激，情緒與行為問題一定會降低，讓身心發展都更健康！

黃老斯

黃老斯親手寫給爸媽
愛的教養小便籤：

1. 沒有人天生就會，讓孩子可以有「慢慢來」
的機會

2. 當爸媽情緒上來很急的時候
就不是讓孩子學習的好時候

3. 熟能生巧，平常從小事開始練習
就會進步

2. 說一下動一下，都要等大人說了才做

有感實際案例

　　一天午後，媽媽帶著小學三年級的女孩琪琪來治療室評估，我拿了一組12塊的6面立體拼圖給琪琪玩，利用跟媽媽訪談的時間順便自然地觀察她，想不到聊了將近十分鐘，她居然還動也不動地愣在一旁，看起來不知所措的樣子。

　　我便問琪琪：「怎麼啦？有什麼地方不懂的嗎？是太難了還是太簡單了？」
　　琪琪怯怯地說：「因為老師沒有說，我不知道要從哪裡開始拼……」

　　我回頭想看一下媽媽的反應，她有點尷尬且欲言又止，接著我發現母女二人在對望著，媽媽好像在等我下指令但又不好意思插手指導，女兒則是在等待有人說話。

　　我們三人處在這樣的氛圍中沉默大概十多秒，媽媽終於忍不住對琪琪說：「你覺得該怎麼拼就怎麼拼呀！」結果，琪琪拿起了一塊拼圖放下後又停止了動作，繼續愣著，就這樣過了十幾秒我又重複了剛才的問句，琪琪竟回：「你們都沒有講話，所以我不知道該怎麼做。」

　　我請琪琪嘗試自己完成拼圖，好不容易拼了五六塊之後，她突然把拼好的全都推倒，生氣地嚷嚷著自己不會拼。琪琪病歷中的基本資料並沒有智能相關的問題，而這組拼圖是小學一年級的孩子都能輕鬆完成的難度，原先我只是想在活動中增添一點變化才使用，對三年級的孩子照理說應該不成問題，完全沒有料到會出現眼前這一幕！

因為琪琪的表現實在很不尋常，一定要跟媽媽問個清楚，我先安頓孩子的情緒，讓她在治療室裡做自己喜歡的事情才接續訪談。媽媽說，琪琪一直以來在班上成績都名列前茅，不過因為她的動作太慢又不協調，影響了體育成績，所以才想來評估諮詢，但我覺得琪琪的狀況一定不只有這樣而已，便問媽媽：「請問剛才那樣等待大人下指令、容易放棄的樣子，平常在家或學校有出現嗎？」

媽媽一臉不解地說：「這就是我們的日常呀！剛才是因為老師在旁邊，我不好意思插嘴，看老師沒說話我才開口的。請問這跟協調有什麼關聯或影響嗎？我認為只是這孩子的個性比較被動，她就是一個凡事都很需要人教和叫才會動的孩子呀！我們大人也是努力，教得很辛苦欸！」

想不到一組拼圖卻意外得知母女的互動情況，並且發現了媽媽在教養孩子中需要調整的部分。琪琪的媽媽在意並認為琪琪的狀況是協調的問題，對於其挫折忍受度方面感到有點困擾，但並沒有太放在心上，覺得是孩子的個性使然，只要大人好好地教導就會解決，不過，以我的立場來看，挫折忍受度低卻是重要的關鍵。

黃老斯分析

琪琪不會拼圖的可能原因有三個：

（一）經驗不足，真的太不擅長拼圖。

（二）視知覺問題。

（三）面對事情的挫折忍受度太低，不想看到失敗，希望一次就拼好。

既然琪琪的學校成績都不錯，認知發展又沒有問題，若視知覺有狀況，應該會影響到學業，即便對拼圖再怎麼經驗不足，只要透過幾次嘗試，這種難度的挑戰都很快就能解決，因此我先假設是上述的第三個原因所致。

　　經過訪談與觀察後得知，爸媽在琪琪小的時候就不希望她犯錯，擔心她吃虧受苦、受傷，所以生活中的每件事情都事先預告、提醒、警告，要她這個不要做、那個很危險不要碰、現在做這個、等一下做那個，限制了孩子探索環境的自由度，漸漸地演變成作業、各種大小事情都是大人一個口令一個動作。琪琪最後也放棄了探索的意志，消極地等待每個指令的下達，因為她自己要做什麼事的話就總是會被限制、被要求、被「建議」，若沒有按照建議去做，大人就會一直在旁邊強烈地要她聽話改正、接受建議，理由是「這些全是為了你好、聽大人的話比較快、這樣是保護你……」；如果孩子自己做了某件事情後沒有做好、未達期待或真的犯錯了，大人就會說「你看，是不是跟我們說的一樣？叫你不要這樣你就要這樣！現在知道了嗎？是不是要聽大人的話？你自己做會比較好嗎？我們就想說給你自己試試看，以後就會知道大人說的才是對的……」，搞得大人小孩都不開心。

　　因此，現在琪琪沒有指令就不做事，以免後面爸媽又要說長篇大論或是壞了和氣。漸漸地，她變得懶得思考，反正有人會說答案、有人會下指令，她只要好好地把書念好就好。殊不知，動作不協調也是這麼來的。

　　琪琪原先是個勇於嘗試冒險的孩子，卻逐漸變得退縮畏懼。為什麼呢？因為被保護得很好，所以接受到的環境刺激也少，動作經驗不足、練習的時間也不夠，加上大部分的事情都是由大人指導後完成的，表現得都有一定的水準，重點是合乎爸媽的心意，導致現在只要她做的一點點小事沒有完美無瑕，便想逃避自己執行也怕被唸，挫折忍受度極低。

改善孩子挫折忍受度低的
三大方法

方法一 / 多給孩子一點探索的空間

若太少讓孩子自己嘗試的話，生活中的刺激過低，大腦與身體的經驗值過低，之後遇到新事物、接觸新環境時，孩子能夠舉一反三的類化能力也會不足，適應環境的速度就會下降。

方法二 / 多讓孩子經歷失敗的機會並從中學習

比起主動幫助孩子避開、預防跌倒，不如教導他們如何判斷狀況、如何減少傷害、培養如何在跌倒後更快速地爬起來的能力，要從經驗中得到教訓與練習自我反思，才能讓孩子在未知的狀況中能做出好的決定。

方法三 / 多觀察並引導孩子

比起無微不至的照顧與保護，孩子更需要我們細心
地觀察與耐心地引導。

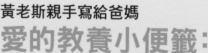

黃老斯親手寫給爸媽
愛的教養小便籤:

1. 下指令不等於「引導」孩子,還可能限制了孩子找答案的機會

2. 爸媽別著急,一起學習耐心等待,給孩子多一點時間思考

3. 比起一直保護孩子,不如讓他們學會如何保護自己

4. 經驗是需要透過孩子自己親身經歷來累積的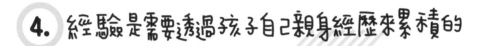

5. 爸媽過度的指導和關心將會扼殺孩子
思考的機會

6. 給予孩子機會學習面對失敗與不完美，
避免日後沒有得到讚美時無法接受

3. 為什麼都不主動和其他小朋友講話或玩遊戲？是不是社交能力有問題？

有感實際案例

　　剛滿五歲的小妤，在幼兒園中班已經上完一學期的課，老師表示她跟同學的互動很不好，不會主動跟其他孩子講話、遊戲，老師帶著她去加入團體或邀請同學過來，互動的頻率還是很低，看起來很像是不知道該怎麼和其他孩子相處，希望爸媽平時在家能幫忙加強小妤的社交能力。

　　爸爸聽了老師話之後，決定來治療室詢問專業建議。爸爸憂心忡忡地對我說：「我一直以來擔心的事情還是發生了。小妤目前是家裡的獨生女，跟家人的相處都『很正常』，但她平常很少跟年齡相仿的孩子相處，很怕因為這樣影響到她和同儕互動的能力，所以我們當初小班沒讓她讀，想說留一年自己帶，等她預備更好再去中班。」

　　我點點頭表示認同，爸爸看到後繼續講：「這一年我們有空就帶小妤出門接觸人群或其他小朋友，本以為可以無縫接軌地融入團體生活，但幼兒園入學才沒過多久，老師便說小妤很文靜害羞，不太跟別人講話，我覺得可能是剛上學還不適應，因為很多家長都告訴我孩子們很快就會交到朋友、打成一片，又說不少獨生的孩子都是送去幼兒園才開始學習跟人相處，要我別擔心。但沒想到下學期過了一半，老師告訴我小妤還是一樣沒有進步……」

　　聽到這裡我就問了小妤爸爸：「請問您有去幼兒園看過孩子的表現嗎？因為其實很多狀況都是大人的認知或期待與小孩實際的表現有落差，造成誤會。老師或家長可能一時沒有考慮孩子的發展狀況就預設一個標準去判斷，

但實際上有可能就『那個孩子』而言，他的表現已經很好、有進步了，這就是為什麼我每次聽爸媽的描述後也都只是做為參考，最終仍需要再實際評估確認。」

爸爸說：「黃老斯，您說的這部分我有注意，因為我也猜想是不是老師標準太高，所以我去過幼兒園偷偷觀察小妤的表現，發現沒有人來找她，她就自己玩或在一旁看著，需要大人協助才行。小妤的表現大致上跟老師描述的情況差不多，至少這方面我們是有共識的。」

前一段話才剛結束，爸爸似乎恍然大悟緊接著說：「不過，照老師這樣講，我覺得小妤跟家人的互動都『很正常』，會不會只是我一廂情願的想法，或許她早就需要更多的引導而被我忽略了？還是我們前一年的引導方式錯誤呢，不然為什麼孩子會進步這麼少？」

我讚許小妤爸的領悟能力後說：「孩子改變的速度真的很快，因為身心都在發展當中尚未成形，只要找出原因並用對方法，幾乎是事半功倍，所以一旦發現某方法成效不彰就要趕緊調整，而不是一味地等待。」

黃老斯分析

如果對孩子社交能力感到擔憂，建議爸媽可以參考一下社交發展的里程碑：

（一）三歲開始：

❶ 孩子會自動跟其他小朋友分享玩具。

❷ 能與大概2－3位小朋友一起遊戲且有互動（像是交談或玩相關的活動）。

（二）四到五歲：

❶ 可自動參與由大人所帶領的組織性集體遊戲（有明確規則的遊戲）。

❷ 會玩需要合作的遊戲，如一起堆積木、扮家家酒。

❸ 快到五歲時就可以自己發展遊戲，帶領其他小朋友玩或跟著玩。

（三）五歲開始：

漸漸會玩有競爭性的遊戲，或是分小組一起完成任務遊戲。

　　孩子一般的人際社交發展大致如上述的里程碑成長，當然每個人都不盡相同，若發現明顯跟大多數孩子差很多、影響到生活適應或進步很慢、表現特殊，則可能跟天生的氣質（temperament）、生理狀況或後天環境教養刺激有關。

（一）天生的氣質影響：

　　若是天生氣質影響，我建議不要太過勉強孩子，慢慢引導且讓他們自由發展，在合適的情境下可以跟他們討論：「想不想跟其他人玩呢？不想的話是為什麼呢？需要幫忙嗎？」

（二）生理狀況影響：

　　因為人際互動不好是「結果」，有不少是生理狀況這個「原因」造成，需要老師和家長在日常生活中從旁觀察其行為特徵。常見的狀況有：

❶ **偶像包袱**：不喜歡輸的感覺，只想要贏和被稱讚、怕丟臉、怕別人笑他。

❷ 喜歡獨自擁有玩具或器材。

❸ 不喜歡被碰到（**觸覺敏感**）。

❹ 活動對孩子來說太過於刺激、困難，大人在旁稍微還能玩一下，自己的話就會不敢或討厭（**協調能力不好**）。

　　如果是上述原因，可能是感覺統合或肌肉張力低下的狀況，對自己的身體掌控度太低，容易拒絕社交與大動作活動，這部分即便大人從旁引導與加強社交技巧也很難進步，但對症下藥就可迎刃而解。

（三）後天環境刺激不足：

❶ 爸媽或照顧者本身的個性屬於比較「安靜或內向」的人，社交技巧沒有特別突出，不擅長或不喜歡交際，在帶孩子的過程給予的刺激自然也較少。

❷ 照顧者平常幫助孩子太多，孩子一個眼神或手勢，大人就知道他們要表達的事情，以至於孩子自己動手、開口、想辦法解決的機會較少，變成很多事情他們只想要等人幫忙甚至不會開口求救或詢問，遇到事情的應變能力也較差。

❸ 較少接觸同儕或同年齡的孩子，缺乏與人交往的經驗。

黃老斯建議
爸媽這樣做

改善孩子社交能力的
四大方法

方法一 ╱ 玩扮家家酒：

沒有機會接觸其他孩子的時候，可以和孩子玩扮家家酒，透過不同的角色觀察孩子的社交技巧，從自然的情境中潛移默化地引導他們說出合宜的話，例如：如何要求加入團體？如何邀請他人？何時需要分享？何時可以合作？

方法二 ╱ 對於個性比較內向害羞的孩子：

盡量不要在實際情況的當下才教導，比如說要他們開口詢問，或強勢地要他們主動去加入別人，也不要一直問他們為什麼都不肯做，這樣很容易讓孩子更害怕社交。

方法三 ╱ 善用繪本故事：

適度地「預告」能讓孩子有心理準備，因此透過繪本可以讓孩子更加熟悉不同的情境、狀況與社會互動，不僅僅是把故事的內容念過，更要加上一問一答，問問孩子「如果是你的話，你會怎麼辦呢？你會怎麼說、怎麼做呢？」進階變化不同的狀況，讓他們練習思考，以免遇到真實情況變得不知所措。

方法四 ╱ **實際演練：**

各位不妨多帶孩子出門或接觸年齡相仿的孩子，驗收成果藉以調整在家的教學內容與方式。不過外面的人事物不見得理想安全，我覺得也可以適度地參加一些小型的互動團體或才藝班。記得平常就要減少幫助，讓孩子練習多開口表達與詢問，增加解決問題的能力。

用心觀察是找到原因的不二法門，相信每天跟孩子相處的照顧者、爸媽們，一定比專業人士來找的速度更快。面對孩子的問題時，記得要跳脫出來看，畢竟當局者迷，但以愛來觀察、關心，一定能找到原因及方法的，若真的遇到瓶頸也可以尋求專業協助喔！

黃老斯親手寫給爸媽
愛的教養小便籤：

1. 若孩子在學齡前有任何問題,爸媽應先確認各項能力的發展是否達到標準
(需經專業職能治療師評估,千萬不是爸媽自己訂的標準喔)

2. 人際社交技巧沒有標準,但是需要學習

3. 孩子的社交能力需要爸媽的教導和引導,但要少介入

4. 一種方式行不通時就趕緊換個方法

5. 比起指導，更好的是分享大人自己的親身經驗

6. 不勉強孩子做違背個性的事，但要具備基本互動能力

4. 為什麼孩子總是和我唱反調？

有感實際案例

　　剛滿二歲的女孩彤彤和媽媽、阿嬤一起來到治療室，媽媽憂心忡忡地對我說：「她小時候都很好照顧又可愛，但最近讓人覺得似乎越長大越固執不乖，只要事情不合她的心意，她就會哭鬧不已，而且想要什麼就一定要立刻就幫她完成，例如開車時她想要拿玩具，我們溫柔地、好聲好氣地告訴她『現在在開車很危險喔，沒辦法拿，等一下再幫妳拿』，她就完全無法接受地崩潰大哭尖叫，真的很令人傷腦筋欸！」

　　媽媽的話還沒講完，在一旁的彤彤已經顯得不耐煩了，指著不遠處的水壺說要喝水，媽媽準備走過去拿時她卻開始尖叫說「不要」，任誰靠近水壺去拿都不行，然後又喊著要喝水和「阿嬤」，這才發現原來彤彤「指定阿嬤」去幫她拿水，其他人都不可以幫忙。為了要讓媽媽把話說完，阿嬤只好先配合彤彤，媽媽便尷尬地接著說：「其實很多事情彤彤會指定要誰做，不是她指定的人做，她就會像這樣哭鬧，像是全家開車出去時，如果她指定媽媽開車，就不能是爸爸開，不然就哭整路，可以鬧半小時到一小時以上，只要她大小姐一鬧，大家的心情都受到影響，而且奇怪的是，當我們試著要跟她溝通，她就好像沒聽到，完全不理人。」

　　這時候阿嬤補充說道：「除此之外，彤彤常常對我們的要求唱反調、說不要，不然就開始大哭大鬧，跟她說危險的事情她偏要做，不要拿填充娃娃

壓弟弟的鼻子她也不聽，叫她吃飯、洗澡、上床睡覺每天的例行動作，講了幾百次還是一樣，不想聽就是不想聽，她還在那邊委屈崩潰⋯⋯我們實在不知道該怎麼教她，不知道該怎麼辦！」

媽媽點頭如搗蒜地附和著：「到底是我們的教育出了問題，還是孩子天生的個性如此？如果是遺傳，我們家的人也沒有這樣呀⋯⋯」

黃老斯分析

每當黃老斯被問如何處理孩子唱反調的問題時，我常會希望大人「首先」反思自己的狀況：

（一）對孩子要求時是否太過強勢？

（二）指令是否符合孩子能力且清楚？

（三）是否有向孩子說明清楚原因？

（四）是否嘗試觀察孩子不願意配合的原因？

（五）是否孩子只是表達自己的想法，卻被認為在作對？

因為不少案例追根究底後發現是大人沒耐性解釋、講話口氣太嚴厲讓孩子害怕，太強勢讓孩子不想服從、沒有考慮孩子當下的需求等。

再來爸媽需要知道的是：孩子從2歲左右發展自主性，希望自己做或決定各種事，他們也喜歡這種能決定事情的感覺，所以漸漸地開始不想搭配大人，幾乎凡事都說「不」，令人頭痛。因此若有他們願意又可以自己做的部

分，不妨就讓他們自己來、減少幫忙，並非要求他們配合大人的指令，比如說吃飯、拿東西、穿脫衣服等。這種「作對行為」大約會維持一年左右，不要懷疑自己和人生，這是正常的過程。

　　故事中的彤彤正好處在這樣的時期，想要像大人一樣能決定他人的行動，但為什麼好像她的反應特別激烈呢？光聽照顧者的描述，我想許多爸媽們應該有身歷其境的感覺，然後產生相同的問題：「孩子到底怎麼了？該怎麼辦？」實際觀察親子互動卻發現雙方各自在不同的情境下都有責任，孩子經常只有「聽話」這一個選項，所以才會變成孩子對大人的要求完全沒來由，純粹為了反對而反對。

讓孩子有聽也有懂的有效溝通**四大方法**

方法一／講重點，簡潔扼要

跟孩子溝通不需要長篇大論，因為太長他們會記不得，用簡單的話來說就好，重要的部分可以斷開停頓一下。例如：

「你現在快點把玩具給我收好不然下一次你要買玩具的話就別想了。」（X）

「收玩具，不收，下次不買。」（記得要和顏悅色唷！）（O）

方法二／問句→直述句（祈使句）加語尾助詞

若想要孩子去做某些事情時，很重要的一點是：句子後面不加「好不好？要不要？可以嗎？好嗎？」，直接說出一個直述句，語氣輕鬆、表情愉悅，句尾再加個語助詞「吧，啦，囉，唷」等，緩和這個命令句。例如：

「把玩具收起來好不好？／收玩具可以嗎？／要不要開始收玩具呢？」（X）

「要收玩具囉！」（笑）（O）

方法三 ／ 邀請孩子跟我們一起做

和孩子溝通時，爸媽可以在句子中使用「我們一起……」，例如：

「我們一起把玩具放進櫃子裡吧！」

方法四 ／ 用2－3個選擇題讓他們選

選擇題的壓迫感比較小，會讓孩子感到比較自由，爸媽不妨試著增加一點彈性，但選擇題的選項還是我們希望他們做的事，只是前後順序不同。例如：

「先收玩具、先吃飯或先洗澡，選一個吧！／想吃哪一種菜和水果呢？」

多數的大人都喜歡配合度高的孩子，因為相處、照顧起來輕鬆愉快，家庭氣氛也比較和睦，但每個孩子都有不同的個性，遇到衝突時並非責怪他們不聽話或難相處，不論是哪一方面的人際關係，和諧的狀況是必須在溝通後各方都做出某種程度的改變與妥協才可能達成，若總是無法取得平衡，或許就會演變成彼此內心的傷痕與疙瘩，甚至個性不合而分開去別處找尋與自己相合的人一起生活。偏偏親子關係不能互相選擇，更加需要經營並且努力瞭解、體諒對方，找到相處之道，而不是仗著自己是父母親就一味地要求孩子無條件搭配唷！

黃老斯親手寫給爸媽
愛的教養小便籤：

1. 孩子不聽話時，請大人先反思自己是否表達清楚

2. 不聽話不見得是孩子的個性不好，一定可以找到原因

3. 當爸媽「換句話說、下對指令」就能事半功倍

5. 為什麼孩子都那麼大了，卻出現變成小小孩的退化行為？

有感實際案例

　　阿銘目前是快三歲的小男孩，媽媽來信的內容裡提到：「阿銘以前吃飯不讓人餵，喜歡自己來，雖然常常吃得亂七八糟，我們還是決定放手讓他學習進食，他也表現越來越好，都不需要大人操心就能把飯吃光光。不過很奇怪，自從兩歲左右開始，阿銘漸漸地開始要媽媽餵飯，明明自己就可以吃得很好，起初是吃到一半停下來要媽媽餵才肯吃，後來變成跑給我們追餵飯。我看到這樣子就猜想阿銘大概沒有很餓，我們就不勉強他吃，想不到他沒一會兒就哭著說肚子餓、要食物。我們搭配他的要求餵飯也確認有餵飽，他下餐椅後看見大人還在吃就會過來討飯、討水果，我們都不得不把東西給他吃，真的很匪夷所思，請問這樣需要去醫院就診嗎？」

　　從信中可知阿銘本來自己可以吃得很好，後來反而要媽媽餵飯，事出必有因，於是我詢問阿銘媽媽，發現二寶妹即將出生，爸媽不斷預告阿銘：要準備當一個好哥哥囉、要愛護妹妹喔、當哥哥之後很多事自己都可以做了……因此，隨著二寶到來的日子一天天逼近，阿銘的退化行為就越發嚴重，不斷地製造情境、需求或麻煩，想一些新把戲似乎要讓大人多注意他、多跟他說話、多看看他。

黃老斯分析

　　原本會的事情變得不會了或是要大人幫忙，我們就會稱之為「退化行

為」，不只是吃飯，也有可能表現在其他方面，因人而異，像是講話模式變小（重新使用疊字或不知所云的娃娃話）、又要開始喝奶、出現尿床、吸手指，甚至不愛講話或不參與活動等。事實上，這樣不自覺的行為能讓孩子暫時地解除緊張感，也可能是想要撒嬌、吸引大人、希望得到多一點愛。

造成退化行為的原因大致上可分為兩種：

（一）生活環境中出現變化或壓力

❶ 家中有新成員（弟弟妹妹），爸媽疏於關心

❷ 入學、轉學、搬新家

❸ 有親人過世、父母親的婚姻或相處問題

❹ 人際問題（交不到朋友或被欺負）、學業跟不上等

退化行為不一定出現在學齡前的孩子，小學以上也可能會發生。

（二）教養方式

❶ **對逐漸長大的孩子，要求比過往嚴格**：孩子以為變回小時候可能大人對自己會比較寬容。

❷ **大人的態度沒有改變，但教養方式沒跟上孩子的成長**：身心都在迅速長大的時期，如同食量會變大、吃的食物會不同且更多元，他們需要的關注程度與模式、栽培方法也會不同。

❸ **爸媽比起以往，抱他、親他的比例下降了**：其實孩子對大人所給予的愛的質與量都很敏感，因為爸媽就相當於是他的全世界，尤其是第一胎的寶貝，所以發現孩子有類似吸引大人注意的行為或是「倒退嚕」的退化行為時，就要想想是否在對待上面、所給予的愛的質與量方面有所變化或是變少，就像伴侶也一樣，覺得對方對自己的關注變少就會開始鬧（笑）。

改善孩子退化行為的
四大方法

方法一 / 關心優先於責備

大人看到孩子的退化行為，常會覺得不解甚至傻眼、莫名其妙，此時千萬別急著責備，例如：為什麼以前都會，現在就不會？你不知道爸爸媽媽很忙嗎？為什麼越長大反而越不懂事？

方法二 / 不需要馬上配合孩子的要求

當孩子出現退化行為時，不需馬上配合孩子的要求，以免增強他們的行為退化或更嚴重。

方法三 / 處理生活中的壓力來源與調適

退化行為是一種訊號，最好的方法是靜下心來找出原因與孩子好好溝通，能用語言表達自己想法的孩子則鼓勵他們說出內心的感受，一起討論因應之道。

方法四 ／ 抽空多給孩子一點「無意義的時間」

因為孩子長大後的作息越來越「不輕鬆」，常常都在配合時間表趕著生活，無意義的時間能讓大人小孩都放鬆，像是在跟孩子躺在床上、沙發上放空，不要想現在這個時間該做什麼事情，而是親子間互相告白，問對方有多愛自己，你有多愛孩子，然後很多很多的撫觸、玩搔癢等。就像談戀愛或跟寵物玩那樣，時間不需要很久，但若每天都定下這樣一個「無腦」（專注在彼此的愛就好）的時間，對於愛的培養很有幫助，會讓孩子覺得你有把時間與愛給他。

··

平時爸媽還是要多觀察孩子的行為，比起外在和行為都沒有異狀、悶在心裡不說最後身心受到影響、變成童年陰影或觀念扭曲，像退化行為這般顯而易見的表徵是最容易處理的，只要大人多用心一點就可以了。

在愛充足的狀況下，孩子退化或想要這樣吸引大人的行為就會減少，而且會擁有更多勇氣、抗壓性去發展獨立與探索世界的能力。

黃老斯親手寫給爸媽
愛的教養小便籤：

1. 退化行為有很多原因，比起責怪更要先關愛

2. 孩子不管長得多大，都需要父母的關注與愛

3. 找到並協助處理孩子在生活中的壓力，才是改善問題最好的方式

4. 鼓勵和讚美 不論對幾歲的孩子來說,都是一帖能解決問題的愛的處方

5. 對學齡前的孩子來說,父母就是他們所有的重心,因此與孩子的獨處時光永不嫌多喔(千萬記得要放下手機和平板)

6. 孩子口齒伶俐不一定表示能夠清楚傳遞內心的感受

6. 孩子說的話，我們真的聽得懂嗎？

朋友的女兒馨馨剛滿一歲沒有多久，有次友人憂心忡忡地傳訊息說：「黃老斯，馨馨最近好像怪怪的，飯快要吃完時就停下來不吃而且還會丟湯匙，已經剛柔並濟地使用各種方法了，都無法改善這個現象。」朋友擔憂又不解地問我是否知道是什麼原因，面對這種情況該怎麼辦？

老實說，光是這樣的資訊實在很難判斷，就算親眼看到也沒辦法馬上瞭解，需要更多線索才行推論。我只見過馨馨幾次，基本上真的沒有那麼熟悉，只好問友人孩子的平常表現：「馨馨遇到不喜歡的人事物時都怎麼做？食量大概多少？你們給的飯量會不會太多？太多的話她當然不想吃啦！還是說你們平常給太多零食或點心呢？」我一連串的問題問得友人好像接受調查一樣，但不這麼做我也無法回答他的問題。

聽朋友的描述，馨馨在家也蠻穩定乖巧的，唯獨「吃飯」時有些情緒反應，於是範圍就縮小到進食來處理，我建議再多觀察，先減少飯量與注意日常點心的量，若孩子是抗拒吃飯，吃少一點使她略有飢餓感，這樣之後比較會吃完；若發現是大人給太多飯，正好可以藉此調整。

雖然我和馨馨只有幾面之緣，但以我的觀察，她應該是很喜歡吃東西的孩子，有可能是飯給太多的反應，但我也沒有跟友人多說，讓他先按照我的方法試試看。

約莫過了快兩週，我接到朋友的電話說他知道原因了，他之前沒有告訴我，其實馨馨每次在飯快要吃完時都會說「霸霸」，大人都以為孩子是叫「爸爸」，起初不解為何要叫爸爸，便不以為意繼續餵，想不到馨馨氣得丟湯匙。

大家都疑惑到底爸爸跟吃飯的關聯是什麼？後來才發現奶奶在餵飯時會問馨馨「你有沒有呷霸霸？」（台語：你有沒有吃飽飽），孩子在吃飽時就回應「霸霸」表示已經夠了，卻被繼續餵食，所以就怒丟湯匙……找到原因後全家恍然大悟，覺得很烏龍，並根據孩子的反應調整飯量，現在不會再因為吃飯問題而鬧得全家不開心了！

黃老斯分析

不知道各位看完這篇故事之後有什麼想法呢？若您的朋友這樣向您描述，到底該給他什麼意見呢？其實每當有老師或爸媽以口頭或透過網路問我教養及孩子的問題時，我都很難回答。除了資訊不足之外，沒有實際接觸到孩子真的很難判斷。最理想的情形是我能看到孩子本人，並讓我有足夠的時間觀察，不然就只能以「大原則、大方向」來回覆，然而如此未必能確實解決問題。

為何專業人員親自觀察那麼重要呢？因為大人描述孩子的狀況有時變得只能「參考」的原因在於：

（一）比較主觀：

我們經常只看到自己所注意與在意的部分，容易誤解孩子，例如案例故事中我的朋友只問了吃飯的問題，我卻多問了平時的生活狀況，因為造成問題的原因可能來自於其他地方。

（二）資訊篩選：

會省略自己覺得不重要的訊息或不知道什麼該講、什麼可以省略，說不定被大人刪掉的描述卻是關鍵所在。就像案例中我的朋友在問我問題時，沒有講到奶奶餵飯的部分，這是他早就知道的事情，但他覺得沒關聯所以就跳過沒講，想不到居然是主要原因。

　　因此我經常這麼回覆：「我只能先說某幾種可能前提下的建議，最終還是要現場看到孩子狀況、親子之間的互動、不同情境下是否有差異等來評估才比較方便推論。」與學校有關的問題，必要時還需要打電話詢問老師，但一切都還只是做為參考而已。

避免因主觀想法而
誤解孩子的**兩大方法**

方法一 / 在情緒上來前，
練習「停下來」觀察孩子的所有表現

比起只是制止孩子的不當行為，更需要瞭解背後的原因，而不是歸因於孩子的個性不好或遺傳到另一半。因為和孩子相處時間最多的照顧者，比起專業人士，只要多用心觀察，一定能更快抓到方向、找出原因。

方法二 / 提供充分資訊給專業人士

我常會建議家長如果要找專業人士，都要準備用心觀察的記錄，不論你覺得重要或不重要的都最好記下來，打字或寫在紙上，不是在腦中想過而已，因為一定會遺忘，像是：事件開始的時間、症狀或狀況，前後是否發生過什麼事、舉例說明，出現頻率與地點等。這樣不但可以幫助專業人士判斷問題，甚至有時候自己描述完就能推論出答案了，根本不需要他人協助呢！

與其急著解決眼前看到的問題，爸媽們不如在每次發生狀況時練習好好地觀察、思考、抽絲剝繭找原因，請記得一個原則：「不要只看到一個就去做或下判斷」，至少要有四個以上的線索支持你的推論！相信這樣練習過後，未來若有親子的問題大都能自己找到適切的方法，但遇到能力界線時還是要尋求專家協助唷！

黃老斯給爸媽
愛的教養小便籤：

1. 要記得：孩子的狀況經常「見山不是山」，一定要多觀察多推論

2. 出問題後，把自己當偵探，多想想是否有遺漏或忽略的資訊

3. 找專家諮詢或找資料，別只選擇自己覺得重要的訊息。

4. 老師、保母或其他照顧者對孩子的描述可以參考，但不要盡信或全盤否認

5. 不要只看到「一個」面向就武斷或判斷整體

6. 太多時候孩子的問題是「大人覺得孩子有問題」

7. NG的說話方式（一）：是非對錯型／態度輕率型

實際案例

◆ **案例一：**小四的阿民下課前滿心喜悅地要展示剛才治療課中拼好的積木作品給媽媽看，此時陪同哥哥來上課的小一弟弟阿鴻竟冷不防地伸出手抓過去說：「我也要玩！我在外面已經等很久了，我要玩這個積木！」

因為阿民根本還沒拿給媽媽看，作品就被弟弟拿走，當然立刻勃然大怒搶了回來，但兄弟倆這一來一往積木當然也散了。阿民眼見此狀便氣得哭了起來，作勢要修理弟弟。此時媽媽就對著他說：「阿民，你是哥哥欸，讓阿鴻一下會怎麼樣？他就很想要玩呀！你剛才玩這麼久現在給他玩一下也不行？為什麼這麼小氣？媽媽不是教過你要愛護弟弟嗎！」

阿民聽完媽媽這番話更加生氣，就直接猛捶了弟弟的背三下，弟弟也痛得大哭並回擊，於是兩人開始打架，媽媽表示尷尬又抱歉地望了我一眼後，盛怒地對兩個孩子大叫：「全部給我停下來，誰乖我才會愛誰，兩個都不乖的話，媽媽兩個都不愛。」

◆ **案例二：**小二女孩茜茜因被學校老師說有行為與情緒問題，建議媽媽帶來評估。進來治療室之前，母女坐在外頭等候的對話就已經大聲到我們都聽得一清二楚。

茜茜對媽媽說：「妳說要給我買珍珠奶茶的。」

媽媽：「我說的是妳乖乖配合老師的評估，結束回家時才會買。」

茜茜：「可是我現在就想要喝，我會乖乖聽老師的話，妳現在幫我買！」

媽媽：「我已經說過了，妳聽不懂人話嗎？」

茜茜：「我討厭媽媽，妳是騙人的大肥豬！醜八怪！」

媽媽：「妳怎麼可以罵媽媽！妳就是這麼不乖，不聽話又罵人，我是這樣教妳的嗎？這是什麼態度？我看是太久沒打妳了，欠揍嗎？」

黃老斯分析

　　爸媽們大多希望孩子能養成正面積極的想法與態度，遇到不如意的狀況要懂得轉念或藉此改進自己、更加進步，但若從小就常以語言或非語言給孩子負面的訊息，對孩子的想法造就可能沒有裨益，而且這樣的期待也不會實現。

　　不論是親子關係甚至人與人之間都很需要有效的溝通與交流，但要能精確地表明心意並達到目的是需要不斷練習的。每當有爸媽希望我協助他們解決孩子的情緒問題、口語表達、人際關係互動技巧或親子關係時，經常認為是孩子的天生個性使然、態度不佳或是在學校跟別人學壞的，不解為何越是親近的人，反而說話卻越發不假思索，沒有禮貌或無理取鬧，頻頻問我要怎樣讓他們服從聽話或請我建議要送去上什麼課。然而我到最後常觀察到日常生活中親子的相處態度占了很大的影響比例，爸媽自己都很少聯想到有可能是自己的行為潛移默化造成。

（一）是非對錯型：

　　有些爸媽會用自己認為「本來就是這樣」的觀念來教導孩子，但深入思考後會發現未必適切或是要根據情況來處理，並非鐵律，無法令人心服口服，因此可能容易發生衝突或影響到孩子對人事物的認知。

「案例一」的媽媽認為「哥哥就是要讓弟弟，怎麼可以有異議呢？」如果是您，也這樣認為嗎？這樣的處理方式是最好的嗎？哥哥滿心期待要展示作品，都還沒拿給媽媽仔細欣賞，就被弟弟一手拿去而且弄散了，他的心情是什麼呢？往後會更加愛護弟弟嗎？弟弟的行為就是正確的嗎？還是說「不論如何，哥哥一定要禮讓弟弟才是對的」，那麼弟弟是否會認為自己之後可以隨心所欲，反正哥哥就是得要讓他？

此外，「誰乖才會愛誰」的說法也很值得探討，原本爸媽對孩子的愛就是無條件的，現在卻為了讓孩子聽話而使用「愛」來當作一種交換的必要條件，某種程度來看算是一種情緒勒索，孩子可能會以為能用此法來得到他人的愛，或用愛來當作手段達成自己的目的。其實，行為的對錯與愛無關，重點應放在教導孩子行為中需要修正之處，不然建立是非對錯的焦點就模糊了。所以，大人真的需要思考一下給予孩子的觀念是否合乎理致又顧及心情，畢竟這些點滴都是人格養成的基礎。

（二）態度輕率型：

「案例二」中的媽媽不僅本身沒注意對孩子說話的用字遣詞之外，對於女兒回應中可能不恰當的內容也未予糾正，所以我推測他們平常的相處應該都是這種模式。後來訪談發現果然因為如此，孩子覺得這樣對話很正常，在學校對待同學與師長的態度及語氣和一般大眾所期待的不太相同，產生諸多誤會與衝突，久而久之孩子從被誤解有行為與情緒的問題演變成真的發生，甚至認為別人總是討厭她、對她有意見。

有些爸媽主張要跟孩子「像朋友一樣相處」來減少距離感，也會學習年輕人的用語和孩子交談，這樣的想法沒有不好，只是過猶不及，需要注意尺度與分寸的拿捏，該教導的部分仍必須要告知才行。

黃老斯建議
爸媽這樣做

是非對錯型／態度輕率型的
改善方法

改善「是非對錯型」的方法 ╱ 若不確定自己的觀念是否合宜，在面對孩子的問題時，可以用「己所不欲，勿施於人」的同理心來處理當下的情況，不拿「某種道理」作為準則來說服或教育孩子。

　　像「案例一」的故事，媽媽不需要拿出「哥哥就該讓弟弟」的這種標準，而是要告訴弟弟不能未經同意就伸手拿走他人的東西，有所需求時要好好用言語表達，也請哥哥體諒弟弟在外等他的心情，讓弟弟把玩一下。

改善「態度輕率型」的方法 ╱ 孩子無理的要求確實容易讓人動怒，若此刻大人一觸即發，孩子也會學起來跟進，如同「案例二」的媽媽先說孩子聽不懂人話，女兒才反擊。建議爸媽千萬沉住氣，不管怎麼說也不要講出沒有幫助又情緒性的字眼。

　　其實這對母女的對話雖然有些人聽起來可能會捏一把冷汗，但真的嚴格說起來也沒有對錯，只要不影響人際社交即可，但這樣的模式已導致孩子在校表現異常，就需要做調整了。

　　不少人認為小孩子聽父母親的話本來就是天經地義，但還是按照狀況與不同個體的特質來對待，才能減少誤會、衝突與傷害並且達成雙贏喔。

黃老斯給爸媽
愛的教養小便籤：

1. 態度輕率的說話方式會養成習慣，不論大人或小孩都一樣

2. 爸媽說的話，一定要能說服自己和孩子（就算那是天經地義的事）

3. 爸媽的言行將影響孩子的態度和想法

4. 和孩子「像朋友一樣相處」或許可以減少距離感，但一定要記得拿捏好分寸

5. 對孩子說話前多想「三秒」，可能結果就不同了

6. 親暱生狎侮（指的是 對方親近的人容易疏忽、輕慢、侮慢）因此爸媽和孩子對話時，希望孩子尊重自己，那麼自己也要尊重孩子

8. NG的說話方式（二）：激將法／貼標籤

◆ **案例一：** 治療室來了一個四年級有社交人際問題的女孩小卉，我給她一個遊戲指令是「丟沙包到滾筒中」。以過去的經驗，在一旁陪伴的家人多半都會幫孩子加油，再不然就是指導他們要怎麼投才會進。不過，這位女孩的媽媽卻在遊戲一開始就笑著大聲預告孩子的失敗，說：「小卉妳可以嗎？平常跟妳玩丟接球的表現都這麼差了。我看妳大概丟進一個就要偷笑了。」

當小卉拿起沙包瞄準時，媽媽居然很有節奏地拍著手喊著：「投不進！投不進！投不進！」我眼見這一切實在覺得有點不妥又很尷尬，但一時之間也不方便開口說些什麼，猜想有可能是他們家特殊的相處模式吧。

後來我觀察到小卉丟中時，媽媽會立刻說：「運氣不錯喔，還真的給妳矇到！」沒丟中時，媽媽就得意地說：「妳看，被我說中了吧！我就說妳做不到嘛！妳也沒有很厲害呀！之前丟進果然是運氣好。」

我瞥見小卉的眼中泛著淚光，連忙補一句話給她：「小卉，老師是用遊戲來觀察妳的動作，不是要算妳投進幾個，所以看好再丟就可以囉！加油加油！」

◆ **案例二：**大班的男孩偉偉來做感覺統合治療，之前評估過他對於觸覺、前庭覺或本體覺等感覺刺激都比較敏感，會顯得害怕想要閃躲，需要慢慢嘗試接觸才能降低敏感，但帶他來上課的阿嬤以為只要上兩三次治療課就不需要繼續，比較心急又求好心切。

見到才剛上過一次治療課的孩子在課堂中的表現沒有大幅進步，像是偉偉在走離地不到約八公分的平衡木時仍戰戰兢兢又搖搖晃晃，跳高跳遠與丟接球都不理想，球飛過來手不會伸出來接之外還只想躲開或乖乖被砸。過程中不斷聽到阿嬤的「嘖嘖聲」與嘆氣聲，時間才過了四分之一，我就感覺到她可能已經看不下去，果然還是忍不住開口對孩子說：「偉偉啊！你到底在幹嘛？走個平衡木有這麼可怕嗎？為什麼這麼膽小？你的心臟比老鼠還小嗎？接個球有這麼難嗎？協調性怎麼這麼爛？眼睛要看、手要伸出來呀！你是眼睛瞎了還是手斷掉了嗎？」

黃老斯分析

（一）激將法

臨床經驗裡，碰過不少爸媽喜歡用激將法的口吻對孩子說話，甚至有些聽起來已經像是在諷刺或挖苦，若是在治療室中的親子對話，我有時也不方便即刻救援，但基本上還是會想辦法跟家長溝通，並幫助緩頰、撫平孩子的幼小心靈。然而我發現有人表示孩子就是要這樣才會「激」發出潛能；有人是希望孩子不要太驕傲、要懂得謙虛，所以不能讓他們覺得自己很強；有人的原意是想跟孩子如朋友般打成一片而使用這種「嗆聲」的語氣；有的爸媽則是沒有特別用意，純粹個人說話習慣。

姑且不論這樣的方式是否合宜，聽起來語句或口氣中負面的比例仍是大過於正向的，常見的後果是孩子不但沒被激發，反而被打擊而喪失自信感、容易焦慮或有莫名的罪惡感（好像做什麼都不對）等，因為孩子一開始都是從爸媽的評價來認識自己的。還記得曾聽過一句話「激將法把人罵倒的多，真的把人罵醒的少」，我認為除非某個人很適合用此法且不會有負面影響，不然還是少用比較好。

（二）貼標籤

「案例二」中的阿嬤給偉偉貼了好幾個負面標籤：「膽小」、「心臟小」、「協調性爛」、「眼睛瞎了」、「手斷掉了」等，有些狀態即便是事實，也希望大人思考一下「講出來會有什麼幫助」？難道孩子對自己的表現完全無感嗎？他既然都已經知道並感到挫折了，這樣的話說出口就沒有激勵作用，雖然有些孩子可能會想證明自己不是那樣而更加努力，但也不少人未必會因為被指責了而想要加油。

給人「貼上標籤」，不論是給大人或小孩都會覺得自己是那個樣子或不知不覺做出那種表現，在心理學上稱為「標籤效應」，所以習慣給孩子貼上負面標籤想要藉此讓他們警醒或改善，可能會適得其反；但若給孩子貼上正面標籤，看見並放大孩子的優點和優勢，甚至賦予他們嶄新的想法，就算是不好的自我認同與性格也能漸漸改變與提升層次喔。

負面標籤：	正面標籤（盡量要實際，不空泛）：
笨蛋、跟豬一樣、生你沒有用、神經病、你真的很壞、調皮搗蛋鬼、不專心、小氣鬼、以後沒用	做事細心、有愛心、爸媽的驕傲、很認真、懂事、貼心溫暖、大方可愛、有活力、不怕失敗與困難、有毅力

黃老斯建議
爸媽這樣做

激將法／貼標籤的
改善方法

改善「激將法」的方法 ／ 希望爸媽能嘗試不同的說話方式，盡量以「正面」的態度鼓勵孩子，相信一定比激將法更合適！

激將法例句	換個說法試試看
要是你讀書跟打電動一樣專心就好了。 ▶▶	讀書和打電動都需要思考和攻略才會贏，我想，你一定能找到好方法的！
小事都做不好了，還能做什麼大事？ ▶▶	從小事情開始練習做到好，想成就大事就不怕沒經驗啦！
不要以為你自己很厲害喔，只是運氣好而已。 ▶▶	我們以你為榮，不斷超越現在的自己就能看到更多可能性喔！
你會考得好是因為班上同學程度太差！ ▶▶	這次考試成績好，表示努力還是會有所進步的吧！辛苦了！
每次都說會努力，我看你這次會堅持多久！ ▶▶	再次下定決心的精神很好，加油加油！堅持下去！

改善「貼標籤」的方法 ╱

負面標籤		換個說法試試看
為什麼這麼膽小？	▶▶	每個人都有害怕的事，試著努力克服看看吧！
協調性怎麼這麼爛？	▶▶	聽說多運動會讓肢體更靈活喔！我們為了健康一起運動吧！
怎麼那麼笨，這種題目也不會？	▶▶	我們仔細來找找問題出來哪裡，是不是哪邊沒有搞清楚呢？
一件事要教幾次才會呀？你是廢物嗎？	▶▶	再多練習並且自己做做看，一定可以做好的！
你真的很調皮搗蛋、很會製造麻煩欸！	▶▶	你很活潑又外向，但是要看場合表現，不然大家會誤會的。

常常只需要把話說得漂亮，就能輕鬆抓住孩子的心，爸媽們不要覺得紆尊降貴「居然要放下身段，姿態擺這麼低跟孩子說話成何體統？」聖經裡的箴言書25章11節「一句說得合宜，就如金蘋果在銀網子裡」，教養亦如是，其實只要稍微花點心思改變所說的話，就會有截然不同的結果喔！

黃老斯給爸媽
愛的教養小便籤：

1.「激將法」只對特定的人有用，一沒用好
還可能使孩子喪失自信，爸媽應盡量
避免使用

2. 正正得正，用適度的正向標籤
來引導孩子還是比較好

3. 爸媽請冷靜，開口前先確認：
是恨鐵不成鋼，還是在發洩自己的情緒呢？

9. NG的說話方式（三）：無視或拒絕對話型/無根據的斷論型

實際案例

◆ **案例一：** 可能是職業的習慣，在公共場合若有親子組合，我經常會不自覺觀察起他們的互動。有次在捷運上看見一個約莫四歲的可愛小女孩和媽媽並肩坐著，女孩轉著明亮的大眼到處瞧並好奇地問著各種問題：「媽媽這個圖上面寫什麼？是漢堡嗎？那個是不是飲料？」

只見媽媽低著頭滑手機玩遊戲不回應，女孩又繼續問著，不料媽媽竟回：「煩死了！不要吵我！我不想再聽妳說一個字，閉嘴可以嗎？沒看到媽媽在忙嗎？眼睛是用來看的，妳有看到我在忙嗎？」聽到這我著實嚇了一跳，然後環顧四周發現旁邊的人也跟我一樣驚訝。

◆ **案例二：** 有回我在路邊等人時，一個三年級的男孩正在跟爸爸說學校發生的事情，大致上是跟同學起了爭執，但聽起來是對方沒做好，但老師卻責怪他，因此男孩委屈地訴說這件事。爸爸沒多細問就直接回：「你們老師怎麼可能罵錯人，一定是你的不對呀！為什麼不認錯還要狡辯？而且那個誰誰誰根本就是好孩子，你不要胡說八道！誰叫你平常都不聽話。」還沒聽完這番話我就看見男孩啜泣了。

不知道大家聽到諸如此類的話時，會有什麼感受與感想？我當下除了傻眼之外，不禁思考：難道全世界已經沒有別句話能說了嗎？由於書籍或網路

資料充斥著許多如何教養孩子的應對方式、各種情境場合的說話技巧，所以大人身教與言教、家庭氣氛之重要已經眾所皆知，也都會影響到孩子的身心發展。只是，在孩子需要被管教的當下，爸媽、師長、指導者到底能記得多少、能做到多少？在教育方面，希望大人們真的要隨時保持警醒。

黃老斯分析

（一）無視或拒絕對話型

「案例一」的故事歸類為無視、忽略孩子的提問，不耐煩到拒絕對話，小孩並沒有犯錯卻被大人禁止發言的狀況，還有像是：「不要問我這種問題」、「你可不可以閉嘴十分鐘？我會很感謝你」、「你要講什麼我都知道，不用說了」、「以後再講」等句子。這種相處模式長期下來容易讓孩子越來越不敢問問題或覺得不該問，也可能變成不想跟爸媽交流互動，將來大一點也用此模式拒絕對話。

不少人曾問我如何讓孩子不要再問問題或安靜，總是讓我哭笑不得。當初心肝寶貝開口說第一個字時的喜悅與感動彷彿已蕩然無存；有的爸媽仍在為了孩子的語言發展而操心，有的爸媽甚至為了孩子不跟自己多講點話而失落，但事實上，有很多家長會希望下班回家後可以好好休息，孩子不要打擾自己，耳根子能清淨一點。我能體會在外奔波工作的辛勞，也能瞭解想要寧靜和放鬆的心情，不過若仔細想想就會發現，孩子也是等待了一天要與爸媽見面，即便是朝夕相處，因為愛的緣故，想要一直對話很合理吧？何況父母的教導是他們認識世界的窗口、身心發展的關鍵，此時不交流的話，要等到何時呢？

（二）無根據的斷論型

「案例二」屬於沒有確認狀況就直接認定是某種狀況，且把問題怪罪在自己孩子的身上，因為孩子會透過爸媽的眼光與評價來定義自己，若常聽到這種沒證據的判定，孩子可能一開始覺得冤枉到變成真的這樣思考或沒有自信，甚至之後被人欺負侵害也會認為不是別人的錯而是自己該檢討。

另一種情況是，如果爸媽習慣把問題都外歸因到其他人事物，孩子則可能變得不會檢視自己的行為想法，只是一味覺得是別人的不對。

例如：自己走路不小心撞到桌椅跌倒了，是桌子壞壞該打；考試成績不好，是因為老師出題太難；未遵守校規受罰，是因為師長不夠通融、找自己麻煩；人際關係不佳，是因為同學都排擠自己；自己走路低頭看手機被車子撞，是因為別人不會開車。諸如此類，日漸演變成「千錯萬錯，絕對不是我的錯」的觀念。

無視或拒絕對話型／無根據的斷論型的**改善方法**

改善「無視或拒絕對話型」的方法

只要爸媽的身心狀況良好，應該不至於會出現這樣的問題，我能了解都是有苦衷的！但在調整好自己之前，孩子又毫不停息地問問題、淘淘不絕地講話，那該怎麼辦呢？

建議爸媽還是要耐著性子，好好地告訴孩子自己的狀況，例如：「爸爸／媽媽現在有點累，沒有力氣講話，你先把問題記在頭腦裡面，等到X點的時候再回答你」、「媽媽先看一下這個東西，馬上回你喔！你再等等，或數到一百」。

改善「無根據的斷論型」的方法

這個部分就真的要請爸媽不要總是歸咎孩子或過度地護短，而是要好好地聆聽、瞭解並客觀分析狀況，沒有經過這個程序就直接偏頗地認定是某方的責任，實在不是教育孩子的好方法。

沉默是金，但對話是鑽石！臨床經驗中，發現爸媽的想法與做法真的對孩子影響非常深遠，一定要更多留心注意。養育下一代雖然不容易，但能從陪伴他們成長的過程中再次檢視自己的狀況，改進不足之處，我們也能變化成更好的自己。

黃老斯給爸媽
愛的教養小便籤：

1. 忽略、無視都是冷暴力，孩子都能感受到

2. 很累不想跟孩子說話時，請好好告訴他們：「爸爸（媽媽）有點累，需要休息一下，我們晚點再說好嗎？」

3. 有時只要多解釋幾句就好了，不要省略那些話，不說出來孩子不會知道你的想法

4. 真相必須追根究審觀判斷，
而非自我感覺就對孩子行為下判斷

5. 無根據的論斷某事，會讓孩子不懂反省自己

6. 沒有確定的負面訊息不要貼在孩子身上，
因為孩子會從爸媽的評價來定義自己

10. NG的說話方式（四）：否定式態度／權威式態度

實際案例

◆ **案例一**：爸爸帶著二年級的男孩小宇來評估，遊戲其中一個流程是連續單腳跳在四個圈圈裡，除了另一隻腳不能掉下來之外，也不可超出圈圈範圍，若沒做好就要從頭開始。爸爸看到小宇才做第一次就重來，忍不住開口說：「你是白癡嗎，怎麼會這麼簡單的事情都做不好呀？豬都比你厲害多了！都已經二年級了欸！有沒有搞錯呀？我們家沒有一個人運動細胞這麼差欸，你到底遺傳到誰呀？」爸爸還一副沒有要停下來的樣子，我見狀不對便馬上打斷他，卻也從中發現了他們的相處模式。

◆ **案例二**：有個社交技巧有狀況的大班女孩萱萱被外婆帶來診間，因為幼兒園老師說萱萱在學校都沒有朋友，總是要同學按照自己的話做，不然就會罵他們，使得大家都不想接近她。訪談中發現外婆不太了解孩子的狀況，於是我請在車上等待的媽媽前來聊聊。

當我們談話時，萱萱不像主訴中形容的那樣，是個頤指氣使的小霸王，反倒是怯懦地在我們中間支支吾吾地小聲說話，我正想停下來聽她到底要說什麼時，媽媽就不明究理地直接大聲說：「大人在講話沒看到嗎？小孩插什麼嘴！我有沒有教過你？」結果萱萱一時說不出話，於是我順勢趕緊詢問，才知道原來她是想去洗手間，媽媽又馬上補了一句：「要去廁所就自己去呀！長這麼大了還不懂事，搞不清楚狀況……」

（一）否定式態度

　　「案例一」的爸爸還沒看完小宇的全部表現就忍不住大肆數落，連我在旁邊聽了都於心不忍，難道孩子看到自己的表現會滿意嗎？無法控制自己身體動作的龐大無力感加上又被爸爸説成這樣，男孩的心情想必難過不已。

　　有些爸媽是孩子還小時只要隨便做點什麼就把他稱讚到飛上天，長大之後對他們的標準卻變得無比嚴格，得到認可難上加難，甚至否定孩子做得好之處，白話來説就是「潑冷水」。因為愛的關係，沒有孩子不想讓爸媽開心喜悦的，不被所愛的親人認可的感受，絕對是非常沮喪難過，也會失去自信感。

❶ 否定孩子的表現

　　有時孩子做了某件事很得意，想和大人分享，但爸媽認為此事沒有什麼了不起或並非他們心中所期待的「成就或好事」，就否定他們。例如：孩子回家告訴爸媽，自己在學校拾金不昧被表揚，爸媽卻説「又不是考第一名，有什麼好講的？」或「考到第一名再來跟我説」。

❷ 肯定做好及做到之處

　　大人經常只看見孩子沒做好的部分，卻忘記或忽視要即時讚許做得好的地方（或做到該做的事），甚至覺得這樣本來就是「應該的、正常的」，為什麼需要稱讚呢？換個角度思考，若孩子認為爸媽努力養家照顧他們就是「應該的責任與義務」，不需要表示感謝也不值得得到一句「辛苦了」，您此刻的心情就是孩子的內心呀！畢竟孩子沒有功勞也有苦勞吧？以肯定來替孩子打下自信的基礎，之後若有要求或給予挑戰才會容易表現得好。

（二）權威式態度

「案例二」的媽媽是以權威式的口氣對女兒說話，孩子學起來這樣對待他人而影響到人際關係。爸媽會使用強調本身權威的言語莫過於希望能強而有力地傳遞訊息、加深印象，像是維持秩序、保護安全等引導，就算可以經過討論，大方向也不會改變的道理，對於想法還不確實的幼小孩子們，實在沒有必要這麼做。

除了「案例二」的故事外，還有一些典型的例句：「我說不准就是不准」、「家裡的事情我說了算」、「現在是想要造反嗎？你什麼態度？」、「翅膀硬了，敢頂嘴敢不聽爸媽的話了嗎？」其實常常可能只是孩子想了解原因或討論，卻被強權壓制，失去表達意見的機會，有的人因為不喜歡被這樣對待而變成為了反抗而反抗。

否定式態度／權威式態度 的**改善方法**

改善「否定式態度」的方法 ╱

就算爸媽真心認為孩子做的事情不怎麼樣、很不值得讚許，也請先找出好的地方來表示認同，可以問問孩子怎麼想，之後再適度地表達自己的看法，而不是直接一桶冷水潑在孩子身上。

改善「權威式態度」的方法 ╱

隨著孩子認知發展日漸成熟，建議爸媽要教導事情背後的原因，讓他們學習判斷，並且也能夠更好地跟他人溝通。若孩子長大了仍舊沒有好好解釋就以權威式的句子要求服從，他們會對爸媽的話產生質疑與不解，而發生不願照做的情況與衝突。

　　這篇所提到的否定式與權威式語句，都不能說是正向的，一般來說使用正面鼓勵確實比較有良好的效應，不論是生活態度或人格養成都很重要。太多案例是孩子進入青春期或更大時，爸媽紛紛表示孩子態度不佳、難以管教等，其實追根究柢會發現是在小時候沒有以正確、合宜的方式教導所致，因此真心建議爸媽言行方面再更加謹慎一點，未來才不用操心太多。

黃老斯給爸媽
愛的教養小便籤：

①一味否定孩子未必能讓他們學會謙虛

②否定與權威式對話，容易阻斷
　親子的溝通之路

③爸媽怎麼看孩子對他們很重要，
　會影響孩子的 生活態度和人格養成

4. 在家找不到認同,孩子就會向別處尋求

5. 不要過度管理孩子的所有一切,也不要過度放任不管

6. 長期否定子女的爸媽,會讓孩子不想再分享生活

11. NG的說話方式（五）： 威脅恐嚇類型

實際案例

◆ **案例一：** 因為職業的關係，我經常到學校或親子相關機構演講。還記得之前某個講座有提供托兒的服務給需要的聽眾，中途有個約莫兩歲半的小女孩如如跑進會場兩次找爸爸，雖然我在台上講著話，仍注意到在孩子第二次笑著跑進來時，爸爸就面有難色，很難為情地環顧四周，之後表情嚴肅並對女孩小聲地說：「如如，妳再進來的話，爸爸就會討厭妳唷！」

◆ **案例二：** 餐廳裡有對約六歲的雙胞胎兄弟強強和阿勝，兩人為了搶玩具而扭打起來，本來臉色就很不好的媽媽突然用著不大聲卻讓周遭的人都聽得很清楚的聲音說：「你們這麼不乖，爸爸媽媽離婚算了，然後把你們兩個都送給別人。」強強和阿勝兄弟倆聽到這番話後，愣了兩秒就哭著抱住媽媽說：「媽媽不要離婚，不要把我們丟掉，我們會乖乖聽話的……」

◆ **案例三**：某回走在路上，看到一位媽媽對著大約四歲正在哭著的男孩小武非常兇狠地瞪著他說：「你再哭給我試試看，哭一聲我打一下，不會怕你就繼續哭，你敢哭我就敢打！」小武聽了之後受到驚嚇，反而哭得更大聲。

◆ **案例四**：在公園裡看到一位爸爸對著約莫中班年紀的男孩皓皓說：「要回家了，你的玩具自己收起來。」但皓皓卻無動於衷，繼續玩著溜滑梯，爸爸重複了相同話兩次仍未奏效，便大聲地喊：「我要走了，玩具你不想要我就幫你丟掉。」皓皓聽到才急得大哭回來收拾。

黃老斯分析

上述的四個小案例都算是威脅恐嚇類型的。

（一）讓孩子害怕失去愛的威脅

「案例一」和「案例二」算是讓孩子害怕失去「愛」，讓他們沒有安全感、被拋棄、被討厭，還有常聽到的「把你送人或丟掉」、「叫警察來抓走」之類的句子，因為爸媽的愛與庇護對孩子來說非常重要，所以只要此話一出都會讓孩子產生恐懼而順服，雖然效果很好，但卻會讓他們產生內心的陰影。

（二）傷害身體的威脅

「案例三」是屬於要傷害身體的威脅，因為孩子能夠直覺地想像痛楚的感受而懼怕，除了被打之外，還有捏造的威脅，像是「被雷劈死」、「被虎姑婆吃掉」等。孩子很容易會把這個學起來對待他人甚至爸媽，想讓別人害

怕而屈服，我們常看到會有小孩對同儕或弟弟妹妹說「你不給我玩這個，我就打你喔！」或是把手舉起來作勢要打人的樣子，有的直接就打下去了。此法通常隨著孩子長大或對痛的忍受力增強後就會漸漸失效。

（三）負懲罰

「案例四」也很常見，稱之為「負懲罰」（★註）。因不好的行為而把他們喜歡和想要的東西剝奪，像是把孩子的東西沒收、丟棄或損毀；禁足、不准上網、看電視、沒發零用錢等。使用這個方法的前提最好是嘗試其他方式都不見果效時才考慮，因為以同理心來思考就知道這種感覺真的非常不好，而讓孩子對大人產生心情裂痕。此外，若爸媽經常說了但未必執行，小孩就會無所適從，只會感受到爸媽的陰晴不定，親子關係惡化。

★ 註：

- **正增強**：好行為→給獎勵（例：按時完成作業就可以看電視十五分鐘）
- **負增強**：好行為→去除不想做的事情（例：按時完成作業就不用倒垃圾）
- **正懲罰**：不好的行為→給予不想要的東西（例：未按時完成作業就要半蹲二十分鐘）
- **負懲罰**：不好的行為→去除想要的東西（例：未按時完成作業就三天不能看電視）

改善威脅恐嚇型的 三大方法

方法一 / 己所不欲勿施於人

我們不願聽到的話，也不要加諸在孩子身上。雖然本意是要孩子能夠聽話，但最終應該是希望他們能有判斷能力並且自我管理，對吧？透過威脅、處罰、情緒話的字眼，真的能達到讓孩子自律的效果嗎？這樣負面的對待往往在日後發現都是兩敗俱傷，孩子深愛的父母卻無法真正地交心與靠近，或視親情為人生的缺口，想在下一代身上重新開始卻又重蹈上一代的覆轍。

方法二 / 情緒上來時絕對不要口出惡言、拳打腳踢

「溫良的舌是生命樹；乖謬的嘴使人心碎。」（箴言書15:04）情緒化的字句往往不會對事情有所幫助，反而造成傷口。真的忍耐不住時寧可離開當下的情境，也不要噴出一句如毒蛇般的話語，仇敵就罷了，何況是對著我們所愛的孩子與家人呢？

方法三 / 要記得修補傷痕

黃老斯畢竟也是血肉之軀，非常瞭解在身心狀況不佳的時候，真的很難控制情緒，很難但是確實可以控制，對於已經習慣爆炸或惡言相向的人，並非說改就能改，所以平常一定要多多練習，也帶著孩子練習，千萬不可歸因於自己的個性或人之常情而合理化自己的言行！若實在不小心在言語或動作上對孩子或他人造成傷害，絕對要好好修補彼此的關係，承認自己的不足與過失，希望對方能夠諒解並在日後做得更好，如此一來孩子也能學到正確的處事態度。

黃老斯給爸媽
愛的教養小便籤：

1. 恐嚇教育絕對不是最好的方法

2. 正確地幫孩子分析不當行為的負面後果 才是比較好的方式

3. 絕對避免威脅或傷害孩子身心的言行

4. 孩子會有樣學樣，
不論是說話方式或行為都會
模仿，爸媽也要注意自己的言行喔！

5. 沒有控制不了的情緒，只有不想控制的內心

6. 恐嚇是讓孩子「不做不好的事」，鼓勵卻會
讓孩子「想做該做的事」

12. NG的說話方式（六）：過度讚美型

實際案例

　　小二男孩隆隆在校成績還不錯，卻被老師說他「非常不專心」，建議媽媽帶他前來評估。媽媽向我表示老師不斷地跟她講隆隆在學校三不五時會放空，常常要提醒或為了他一個人重新講課，拖到了全班上課的進度，雖然學習上沒有太大的問題，但不專注的情況讓老師覺得很難管理，因此強烈建議媽媽帶去醫院檢查。

　　我設計幾個簡單的遊戲來觀察隆隆的行為，都沒有觀察到老師描述的情況，不過明顯可以發現，遊戲中對同年齡的孩子來說都算安全又簡單的步驟，照理說應該是輕而易舉，他卻十分謹慎，像是走比腳掌還寬兩公分、離地五公分的穩固平衡木，他走了五六次的速度還是非常慢，丟接球沒有十足的把握就不會伸出手等。

　　老實說，這樣的表現真的不能說很優異，但在一旁觀看的媽媽卻甚是滿意，頻頻浮誇地高八度音頻讚許：「寶貝呀，你怎麼那麼勇敢啊！」「媽媽以你為樂！真不愧是我生的孩子！」「你好棒喔！平常沒看你做這些還不知道原來你那麼厲害！根本是體育健將，可以加入校隊了，媽媽早該栽培你的！」「你這樣很好，沒有把握的事情不要做！」「這球接得太好了，我要拍給你爸爸看看這個優秀的寶貝！」

　　我在旁聽得是一愣一愣，要是確實做得很好，我也不是會吝惜讚美的人，但這些話實在與現實落差太大，我不禁思考：「媽媽眼中的孩子到底是什麼樣子的？她是真心認為這樣很棒，還是為了鼓勵孩子？那隆隆會因為媽媽這麼說而認為自己很好嗎？還是會增加信心呢？」

詢問之後得知媽媽一直以來都是用這種方式鼓勵隆隆，她認為這樣孩子才會有自信又正向，而且若非老師請她來評估，她根本不覺得隆隆有什麼問題。我們聊到一半，隆隆就因為一隻腳沒在平衡木上站好而感到不開心，把整個關卡踢翻並說太無聊不玩了……。

黃老斯分析

　　這個故事是屬於過度讚美的案例，故事中的隆隆被說不專心，後來發現是怕做錯而產生壓力的焦慮緊張以及希望得到老師特別的關注；遊戲中的過分謹慎也是怕自己表現不好，不想看到自己跌倒或不完美，但由於孩子本身的肌力和協調不好，所以即使如此小心翼翼仍難以避免，最終拒絕繼續玩。

　　這些算是「過度」讚美的後遺症，然而這樣的照顧者並不少，除了爸媽，長輩們從孩子小的時候就很常誇張的讚美，有時為了鼓勵，有時是真心覺得孩子表現很棒、很可愛等，當然讚美確實能增加他們的自信與正向情緒，其好處更是不庸置疑，那麼，到底如何判斷使用過度了呢？若孩子隱隱約約或明顯出現以下幾種典型的狀況，可能就八九不離十：

- 孩子行動時（如唱歌、跳舞、畫圖、玩具作品、各種表現），常會注意、很意識大人的表情和口語回饋
- 很在意有沒有被稱讚；會問大人自己有沒有很棒
- 凡事想要與他人競爭，或在遊戲中總想要得第一名或贏別人，說別人輸了
- 遇到挫折時的情緒反應大（哭泣、尖叫、攻擊行為）
- 常拒絕面對新的挑戰或人事物（會說那件事情太無聊、太簡單、太幼稚），或是要觀望評估很久才願意接觸

- 喜歡找比自己年紀小的孩子玩，不想跟同齡或比自己大的人玩或相處

- 很怕自己事情做不好，做不好時可能會自責（說自己很差勁）或怪罪其他人事物的影響

- 玩遊戲、競賽或做事情時，會想要改掉對自己不利的規則；輸了或沒表現好時就說不公平、要重來、這次不算

- 吃不了什麼苦，遇到要努力的事情就想逃避，覺得辛苦、煩躁

- 以為全世界周遭的人都在注意自己，其實根本沒有人在看

- 在各種場合常放不開，表現得很像是內向害羞或不親切

未來可能出現的情形：

❶ 錯估自己的能力（高估或自我感覺良好），認為世界上的事情應該要照自己所預期那樣達成，忽略了很多事情都需要很多努力，不斷嘗試，尤其是加上他們又以為自己很特別要做特別的事情時。

❷ 情緒行為問題：不容易相信他人，也喜歡講負面的話，攻擊性的話，如「我打你喔」之類的；很會挑釁或威脅他人，如「你不給我玩我就把這些東西推倒」

❸ 沒有贏別人就會攻擊他人，像是跑步想要贏，就會去絆倒他人或推擠

❹ 無法好好與人相處，不喜歡被交代事情

　　其實簡單一句話來說就是「偶像包袱太重」，家長一般會直覺認為是孩子天生的性格如此，不會想到是後天的教養所促成的。個性確實佔了幾分比例，但環境造就的部分也很關鍵，因為孩子小時候是透過大人的眼光來認識自己的，若大人的評價和現實差距太大，他們就會很難認清自己的能力，而出現以上的行為。

改善過度讚美的
兩大方法

方法一 / **換句話說**

把空泛的形容詞換成具體的說法，描述孩子的表現、態度、過程：

原本想要講		試試這樣講
你好棒！你最棒！	▶▶	你很仔細！很細心喔！反應越來越快！
你好聰明！	▶▶	很認真！很盡力、很投入做！
你第一名！	▶▶	很努力！
好厲害！好優秀！	▶▶	很有毅力！很勇敢！

方法二 / **不知道說什麼時，可以用肯定字詞、語助詞搭配音調或動作、表情**

◆ **肯定字詞**：OK、好、不錯、對
◆ **語助詞**：哇、嗯、喔、啊
◆ **動作**：點頭、拍手、比讚、比愛心、大大擁抱、摸摸頭
◆ **表情**：微笑、眼神

　　其實這樣的詞彙只是用來表示「我看到你的表現了，很好很不錯，繼續保持或加油！」可根據孩子表現的優異程度調整音量、音調與動作表情的誇張程度。若孩子表現很棒，就可以「燦笑大點頭，快速拍手，高音頻說：『哇』！」不會因此產生「自己很聰明、很強」的觀念，而是得到了爸媽所給的肯定，擁有自信感與被愛的感覺。最後，希望爸媽們在教養的過程中要思考一下：自己所用的方式到底有沒有根據與理論？知道自己在對孩子做什麼嗎？上一代傳下來的習慣可以保留好的部分，但不建議無條件採用，由於時代和環境已大不相同、孩子各有特質，更需要因材施教。

黃老斯給爸媽
愛的教養小便籤：

1. 過度讚美就像保健食品吃太多一樣，適得其反

2. 爸媽平時要多準備讚美詞庫

3. 做到本來就會且該做的事時，要給予肯定
而非讚揚

4. 要讓孩子對自己的能力有正確的認知

5. 正向鼓勵不等於過度讚美

6. 長久的浮誇回應會讓孩子較難接受
別人的批評指正,只想被稱讚

13. 只是借一下而已，為什麼孩子那麼抗拒「分享」？

有次我在幼兒園的分享講座結束後，一對爸媽帶著一個可愛的四歲小男孩晨晨前來問問題。媽媽在我面前指著孩子說：「黃老斯，我的兒子三歲前個性都還算不錯，很親人又會交朋友，基本上都很好帶，但三歲過後漸漸變得愛生氣，不喜歡別人碰他的東西，也不願分享任何食物或玩具，不管大人或小朋友接近，他就會開始像動物護食一樣『護物』，不是抱著就是收起來，若想向他借來玩、碰到他沒有在使用的物品或被他發現有人動過，就會一發不可收拾地大哭大鬧，完全聽不進道理與安慰，歇斯底里地尖叫不已，然後頻頻憤怒地指責周圍的人，而他自己卻是不經同意也不過問，就隨意地去拿他人的東西。在家如此，在幼兒園也是這樣，所以其他小朋友不敢又不願意和他交朋友，大家都盡量配合他或敬而遠之，有的小朋友甚至叫他『小氣鬼』……」

後來聊了一下發現，晨晨的爸媽與許多照顧者們和不少家長一樣，會期望孩子可以與他人分享或共用物品，當他不願意將自己的玩具或食物給同伴或陌生人時，大人就會忍不住說：「你為什麼這麼小氣都不分享呢？你那麼多東西，讓別人玩一下也不會怎麼樣呀！之前你很想玩誰誰誰的玩具時，他也有借你玩呀！」男孩現在的狀況是只要有人靠近，就開始警覺緊繃，誤以為他人要拿自己的東西而出現情緒，讓大人與同儕也變得緊張起來。

關於「分享東西」這件事情，是我很常被爸媽詢問的問題之一。在教導孩子之前，真的要清楚瞭解自己的想法再行動，所以大家不妨一起來思考：

- 孩子是否需要與他人分享自己的東西呢？
- 為什麼需要？為什麼不需要呢？
- 分享是希望他人也要這樣對待自己才做的嗎？
- 身為大人的我們，是否也對身旁的人如此樂於分享、不求回報呢？

曾有一句歌詞是：「與你分享的快樂，甚過獨自擁有。」親身經歷過的人更能體會「施比受更有福」或「獨樂樂不如眾樂樂」的箇中滋味，但這都必須建立在「自己願意」的前提，若分享變成一種壓力或怕被貼上「小氣」等標籤而分享，對孩子來說應該是很不喜悅的事情。

成長的過程中，爸媽到底應該如何引導他們去嘗試並體會呢？我也遇過不少持有這種觀念的爸媽，甚至因而期待其他孩子與自己的孩子都要如此，只要有哪個孩子不想配合時，就會強烈地教導他們要懂得分享，誰不這麼做的話就是小家子氣、吝嗇。

我們可以從發展來看以下四個階段：

（一）一歲前的階段

當我們拿走六到八個月大的嬰兒正在玩的玩具時，他就會表現出負面情緒、不高興、哭泣或反抗了。

（二）一歲左右的階段

一歲左右會開始離開照顧者去探索新環境，好奇心是發展過程中很重要的動機，任何事物孩子都有興趣想去一探究竟，但因為他們還不會分辨安全或危險、物品歸於自己或他人，所以最重要的是營造安全的環境讓他們盡情體驗，慢慢去建立危險的概念，要維護他人物品且不可隨意觸碰，若一味地限制行為或無條件給予自由都不適合，管制太嚴格，孩子會變得被動，反之則容易失控、隨便拿取。

（三）一歲～三歲的階段

一歲到一歲半的孩子會有幫助大人的行為，不過真正會主動分享自己的東西是從三歲開始，而且孩子會從過去至今以來跟爸媽的互動中學習到事情可能的發展，因此會推測與思考。

（四）四歲左右的階段

到了四歲左右漸漸能理解他人的感受，所以當爸媽教導他們要經過詢問得到同意才能使用他人的物品時，孩子是可以接受並學會的。

瞭解發展的進程後，我們知道探索未知的環境與好奇心是必經又必要的過程，就能預測孩子在每個年齡的表現與能力，才能有合理的期待並教導他們如何保護自己、區辨自己與他人的東西以及是否能隨意使用、瞭解自己和他人的感受、如何表達自己等，孩子可以透過不斷積累經驗來學習。

若沒有足夠與適切的教導，未來想要機會教育告訴孩子道理或設身處地時，他們就會難以理解，尤其是連許多成人都可能需要學習的同理心，從分享中獲得喜悅這種比較高階的認知與道德層面，更是要反覆經歷才能體會的。

黃老斯建議
爸媽這樣做

引導孩子「分享」的 **兩大方法**

**方法一／ 學習分享前練習換位思考，
再角色扮演模擬演練**

爸媽可以試試看用以下幾種情境引導孩子思考：

❶ 如果別的小朋友很想要跟自己借心愛的玩具或文具時，到底要不要借他呢？

❷ 可以借的話，有沒有想對他說的話呢？是希望他多久歸還，還是希望他好好珍惜保護？

❸ 如果別人沒有按照自己的想法做時怎麼辦？會生氣或難過嗎？

❹ 不想借的話，為什麼不想借呢？那應該怎麼告訴對方比較好呢？

❺ 如果總是很多人想要跟自己借東西的話，該怎麼做比較好呢？

❻ 如果看到別的小朋友的玩具很有趣、很想看看的話，該怎麼辦呢？可以不問他就直接拿走嗎？不行的話，要跟他借嗎？怎麼說會比較好呢？

❼ 別人不想借的話該怎麼辦呢？可以說他小氣都不分享嗎？

❽ 在商店或其他地方看到想要玩玩看的東西，可以直接拿嗎？該怎麼辦呢？

方法二／延伸思考

爸媽引導孩子做任何事情時都可以練習想想：

❶ 為什麼需要這樣做？

❷ 為什麼不要這麼做？

❸ 自己的感覺如何？

❹ 別人的感覺會如何？

❺ 應該要怎麼做會最好？

與人分享是美德、鄉愿，還是發自內心的喜悅呢？不論是玩具、文具或用品甚至金錢，都可以跟孩子討論，如何適時適切地處理與反應？透過不同的生活情境、繪本故事去思考不同的因應措施，是一種增加孩子待人處事的彈性的方法。在陪伴孩子成長的同時，我們所教導的、所給予的是否真的合乎理致？大人們也能順便再次檢視自己的價值觀與想法喔！

1. 不愛分享，真的有那麼嚴重嗎？重點在於學習分辨自己與他人的各種界線

2. 帶著孩子一起思考「做與不做」的感受和結果

3. 孩子的社交行為會模仿爸媽對待親朋好友間的方式

4. 透過孩子的成長，爸媽可再次檢視自己的價值觀

14.
孩子在我眼中永遠是孩子呀，難道我的疼愛成了溺愛？

實際案例

之前有個小一的男孩豪豪來治療室遊戲時，長褲的褲管太長，所以在跑跳時會踩到或卡住、絆到，我不發一語地觀察他會怎麼處理。起初他頻頻地把褲頭拉起來，玩兩三趟後就開始喃喃自語說褲子太長了，但我仍舊看著這一切。

在旁陪同的媽媽竟跟著我一起不動聲色，因為之前豪豪只要在治療室裡清個喉嚨，她就衝過去幫孩子戴口罩，孩子的鼻水稍微露出鼻孔幾公釐，她就拿著衛生紙衝過去擦。我才在心中疑惑「這位媽媽今天怎麼如此沉得住氣呀？」正想要來讚許媽媽一番時，卻見她還是忍不住一個箭步衝過去說：「媽媽幫你把褲管捲起來，這樣就不會踩到了。」動作迅速俐落完美地回到她的座位上。我一旁傻眼之餘，內心再度感嘆著豪豪又少了一次學習的機會……。

只要時間再久一點，說不定他會嘗試想想要如何才能不踩到褲管，或許他會問我是否能暫停去旁邊捲褲管，或許他在遊戲中會更加注意、避開絆到東西；或許有其他可能。比起出手協助，我更希望媽媽可以假裝沒看到地問孩子：「遇到問題了嗎？是什麼問題呢？該怎麼辦？」再視狀況引導孩子處理；真的不行才用提示的說法：「是不是把褲管捲起來再玩比較方便呢？你問黃老斯可不可以先暫停一下到旁邊捲？」

過去發生的種種我都沒有說些什麼，但這次下課後我忍不住問媽媽為何這麼做，她難為情地表示因為實在是看不下去又覺得上課時間寶貴，不能被

褲管耽誤課程的訓練，於是我告訴她：「這件看似小事的情況，其實也是治療很重要的一部分，並非你我所看到的遊戲內容而已，像這個情況就正好可以觀察孩子面對問題的覺察與處理能力，畢竟我們無法時時刻刻隨侍在側，未來很多狀況他們必須自己面對，與其直接幫忙、給他們魚，不如教他們如何釣魚，分享解決問題的經驗。」

媽媽沉默了一下說：「謝謝黃老斯點醒了我，我跟他爸爸確實缺乏耐心，希望快點把事情完成，所以我們常常懶得跟孩子解釋及說明太多、懶得等待他嘗試錯誤、從多次練習中學會，所以直接幫忙或只說指令不做說明，想不到卻讓孩子少了實際操作和思考的機會，難怪覺得他凡事都反應很慢，大小事總是要人提醒，雖然有點困擾，但就認為他還小，幫忙他做比較省事，再次體會到爸媽的觀念真的很重要！」

黃老斯分析

我真的看到不少自稱「虎爸虎媽」的家長們還是會幫孩子做東做西，甚至做牛做馬，何況是一般家長呢？寵愛自己寶貴的孩子並沒有什麼不好和不對，可以說是一種自然反應與天性，但就像是食物及營養素，均衡最重要，攝取過多過少都對身體不好。

（一）若是疼愛過頭變成寵溺，孩子可能會有「長不大」的狀況：

凡事依賴或身心都沒有自理能力，沒有主見與想法，難以預測事情會發生的前因後果、各種可能性與應對方式，需要大人做決定和處理，白話一點就是類似俗稱的「媽寶」（例如凡事都說「我回去問一下我媽」）。

或許有人會不以為然，認為孩子需要爸媽的意見、有事情會跟爸媽討論多

好。並非要孩子排除眾議、一意孤行，前提是他們要先有一套自己的想法邏輯才行，此外，若沒有經常思考、動腦鍛鍊的話，日常生活到待人處事的反應都可能會比較遲鈍。

（二）覺得孩子還小：

有不少爸媽覺得孩子長大自然就什麼都會了，現在只是還太小，先幫一下不會怎樣；有的爸媽認為「自己甘心樂意對孩子好」有什麼不對嗎？

有部分的人認為孩子永遠都是「孩子」，幫助孩子就是愛他們的表現；有部分的人認為爸媽永遠是孩子的靠山、後盾、避風港，會幫他們處理所有的事；有部分的人認為孩子只要專心學習就好，其他的事不是非得要會，所以不乏有所聽聞，即使孩子就讀小學，仍有家長要幫忙穿衣服、盥洗、整理書包及房間甚至完成作業。

有一句歌詞「最好的疼愛是手放開」剛好呼應了這篇的內容。爸媽不可能永遠陪著孩子身邊，雖然孩子的長大與獨立自主，或多或少會讓大人感到悵然若失，沒有「被依賴感」，但他們在人生的路上總有一天需要對自己的行為和決定負責，若能無畏地面對風浪、有智慧地判斷處理事情，不是爸媽更樂見的嗎？

黃老斯建議
爸媽這樣做

培養孩子「獨立」的
兩大方法

方法一 ╱ 爸媽從行為檢視教導方式

❶ 同樣一件事反覆提醒、教導多次還是做不好

❷ 簡單的事情卻用沒效率、事倍功半的方法做，不懂得嘗試或尋找其他更好的方式

❸ 和同齡孩子相比之下，好像獨立性欠佳

❹ 沒什麼想法，只想玩樂或做自己的事情（問什麼都說不知道、都可以、沒意見，只想打電動、看漫畫電視或玩具）

❺ 遇到事情的反應很慢，會愣在一旁或傻住，枯等人來幫忙或不懂得問別人（如：在餐廳打翻飲料，不會自己清理或請服務人員來協助打掃，就直接離開；忘記帶課堂所需用品，不會或不敢跟同學借，就發呆一節課）

　　因為仍有不少爸媽沒有注意或覺察孩子的能力，所以用以上五點的例子提供思考，若有類似狀況出現，一定要回頭檢視自己是否稍微缺乏了耐心，或教導孩子時的方法需要調整。

方法二 ╱ 及早引導養成孩子的好習慣

因為臨床經驗發現，從越小開始教導，越有效率也越容易養成習慣，若為了一時的輕鬆或稍微苟且而沒有適時引導，將來就可能要付出更多的心力重新塑造孩子的行為與觀念。把握時間做該做的事情，之後再好好享受成果與喜悅，就能當個教養不費心的爸媽。

黃老斯給爸媽
愛的教養小便籤：

① 拜託請放手讓孩子自己動手和學習

② 凡事幫孩子做太多，會影響孩子大腦前額葉成熟（前額葉負責決策、衝動控制、情緒管理）

③ 一起討論就好，不要插手或過度介入

4. 我知道不容易,但孩子有自己的人生與日子要過,放手讓孩子高飛吧!

5. 別擔心 孩子的獨立自主會讓爸媽失去被需要感

6. 別讓疼愛變成寵溺,否則孩子可能會變媽寶喔

15.

如何培養孩子
愛上閱讀

實際案例

　　某次到小學校園演講，曾有個媽媽在提問時間問我：「老師，我四年級的兒子翔翔中文程度很差，理解能力大有問題，每個科目都是看不懂題目，不然就是誤解題意，考試考得一塌糊塗，尤其是數學的應用題，常常會錯意，就連我用口頭解釋半天都聽不懂，我甚至覺得他連聽語理解都有問題？造句、使用詞彙的能力表現都不佳，更別說小短文或週記了，根本就語句不通，讀過的人都會感覺這個孩子思緒混亂。老師也只是建議我們要多給小孩閱讀課外讀物，但偏偏他就是不喜歡看書，直喊很無聊枯燥，到底有什麼方法可以幫助他？」

　　再多細問後，我發現翔翔並非資質不佳，而是連書都不想碰或無法看太久，造成課業表現不盡理想。媽媽坦承其實在翔翔學齡前那段時光大人工作繁忙，沒有特別教導他們，之後認為學校老師會教，所以也沒怎麼帶領他們學習或培養閱讀習慣。爸媽萬萬沒想到這種事情居然還需要他們親自教小孩，很不解為什麼有的孩子好像天生就很喜歡閱讀，為什麼自己的孩子那麼排斥閱讀。

是否喜歡閱讀確實和個人興趣愛好有關，但習慣也是能夠培養的，尤其是這個案例中的翔翔，經私下瞭解過後確定是因為閱讀量過低，導致孩子的中文能力、聽語理解、閱讀理解等能力較弱，影響了學習成效。

一般都建議學齡前一定要好好地在各方面啟蒙孩子，因為六歲前是栽培各種能力的大好時光，如同黃金一般的時間，閱讀能力也不例外。其實0歲的寶寶就能開始接觸閱讀了，不用等到三歲或特定年紀才開始。爸媽可以讓寶寶翻翻布書或咬書都行，從簡單唸一點短的故事給他們聽；一歲過後就練習翻厚紙板的書，看看圖片，盡量在三歲之前要讓他們習慣在爸媽旁邊聽短篇的故事，營造閱讀的氣氛與儀式感。

三歲到五歲半的孩子對於閱讀會產生極大的興趣，此時他們的想像力豐富、喜歡聽故事、可能會喜歡重複閱讀同一本書，他們喜歡書裡的圖片並且對書的內容會有很多問題和求知慾，爸媽一定要趁這段期間培養孩子閱讀的能力與習慣，讓他們愛上閱讀。

以這個案例來說，我就建議翔翔爸媽直接重新開始，從文字量較少的繪本開始閱讀和聆聽，練習聆聽後重述，再來是看圖說故事，規定他一定要提到「人事時地物」等基本要素，按照時間線練習描述，等到能流暢地讓人輕鬆理解之後，再加上形容詞，慢慢疊加豐富的程度，轉換動詞的使用，如此做訓練。

引導孩子閱讀的
十二大方法

如何引導孩子喜歡閱讀呢？爸媽可參考以下幾個要點：

方法一 ／ 接觸手機、平板、電腦、電視的時間建議在三歲之後

因為這些產品的使用會影響發展及日後閱讀習慣的養成，使得孩子對紙本的書漸漸減少興趣。三到六歲的孩子建議一天使用不超過一小時電子產品，六歲前都不建議使用電子閱讀模式，這些影像動畫與聲光的刺激雖然很繽紛又能快速安撫孩子，但對閱讀能力培養的貢獻卻少之又少。

方法二 ／ 閱讀時間不是重點

孩子不想聽或看時便先結束，以這個時間長度為基準點，之後慢慢進步就好。若念故事給孩子聽的爸媽發現孩子很容易不想聽，則可能要同時思考是否是自己唸故事書的方式需要調整、精進或唸書的時間點選得不對。

方法三 ／ 不以條件交換閱讀，自然讓他們有興趣，不強迫

爸媽鼓勵孩子培養閱讀不應建立在「條件交換」上，也不應強迫，而是要讓孩子從閱讀中找出興趣。

方法四 ／ 不打斷孩子的閱讀

不在他們看書的時間問問題、找他們聊天、出門、端點心或水果等做一些非緊急的事。

方法五 ／打造親子共讀時光

帶著孩子讀同一本書；一起閱讀不同的書也可以，而非孩子看書、大人看手機平板，網購、看影片或玩遊戲。

方法六 ／質比量更重要

孩子想反覆讀同一個故事或同一本書都沒有關係，要先了解孩子讀書的「質」（了解多少？是否比過去更仔細閱讀？思考了多少？）之後再求「量」的提升，並非把目標放在孩子要看很多書。

方法七 ／固定閱讀時間

吃飯時不看書、電視、影片，專心做當下該做的事，若真的要同時進行，也不耽誤主要事件。睡前故事也盡量固定時間開始與結束。

方法八 ／不能只要求孩子看大人選的書

可帶著孩子挑選書籍，不一定要一直讀「經典」類書籍、名人寫的或虛擬故事，應多樣化的閱讀；不拘泥在年齡分級的書，要根據認知程度選擇。但若孩子只想讀比年紀小的書時就要注意是否認知能力沒有跟上年齡的發展。

方法九 ／培養閱讀的興趣為優先

不急著讓孩子在閱讀中學認字，自然就好，培養興趣最重要，別讓孩子有緊張感。

方法十／培養獨立思考的能力

與孩子討論書籍時，不是一定要找出某種道理或啟發，記得：過程總是要有趣。不要求孩子背誦或複述所讀過的東西，好好理解才是重點，讓孩子有更多獨立思考的機會。

方法十一／嘗試抑揚頓挫地朗讀書的內容展現給孩子

與孩子共讀時，爸媽可嘗試抑揚頓挫地朗讀書中內容，並討論書中的情節或問開放式的問題（不是yes or no）。記得請輕鬆地談論，而非如考試問答。也鼓勵孩子針對書來提出問題。

方法十二／記錄孩子的閱讀歷程以增加成就感

比如畫一顆樹木的樹幹與枝子，讀完一本書就貼一片葉子，讓孩子看到自己閱讀的量、逐漸枝葉繁盛的過程。

　　作文寫不好的人，是否曾被國文老師提醒：「書看太少，才會這樣寫不出東西，又無法引經據典。」長大後出了社會發現世界變得實在太快，每分每秒都在進步的地球，彷彿沒有跟上它公轉自轉的速度就會被甩出去淘汰，所以我們想辦法學習、吸收知識，不論透過看書、上網看資料都需要閱讀的能力，去聽演講也要能快速整理出脈絡並記憶、整理筆記等，表現得如何都是取決於過去的我們如何養成閱讀能力（看、理解與記憶），可見閱讀對你我與孩子都是重要的，既然如此，不如早點陪著孩子一起養成習慣，送他們一份這輩子都受用的禮物吧。

黃老斯給爸媽
愛的教養小便籤：

1. 閱讀能力不等於看書,而是文字的吸收和理解

2. 透過閱讀能拓展各種視野,帶領孩子探索世界

3. 讓孩子從閱讀裡學習表達和自我對話

16. 易怒、易分心、挫折忍受度低竟然和「運動不足」有關？

小學三年級的男孩洋洋被爸媽帶來治療室，爸爸說：「洋洋的情緒很不穩定，在家裡簡直是小霸王，翻臉比翻書還快、情緒陰晴不定，從可愛親人貼心可以瞬間變成大鬧脾氣摔東西，而且問不出原因也找不到他的怒點到底在哪裡。因為我們真的太困擾，之前確實帶去醫院做了很多理學檢查，甚至還去了心智科，過去成長史都沒異常，發展一直在線上，家族也沒有精神病史，真的是不知道怎麼會這樣？」

趁我在翻閱過去就診紀錄時，媽媽補充道：「本以為他在學校可能也會出狀況，但老師卻說他在校表現很好、乖巧有禮，跟同學們的相處還算融洽，完全沒有什麼異樣，老師和我們想不到，他回家卻變成另一個人。」

此時我心裡暗忖：「可能是在外面憋了一天，到家裡才敢對家人發脾氣。」於是決定做個實驗。我把在一旁觀看的爸媽支開，請他們到治療室外面等候（外面的玻璃可以看到裡面，但孩子不知情）。按照正常程序，我設計了一個小遊戲給洋洋執行，發現動態活動中他的肌力、協調能力、平衡感都不算好，看得出來他對自己的表現很不滿意，想要生氣卻在我面前忍住，原本笑著的臉龐逐漸變得僵硬，但仍舊乖乖地完成第一項，要開始第二個任務時，他問我：「可以換別的遊戲嗎？這個我不太想玩，有點無聊。」

因此，我順勢讓洋洋設計關卡，結果發現他好像不太瞭解自己的能力，有的遊戲步驟連我都覺得很難，想當然就是表現不好，但他也是認分地完

102

成，沒有生氣暴怒。到了最後一項，我便讓爸媽回來觀看，果然跟我想的一樣，男孩開始變了，他只是稍微沒接到球或跳躍動作沒做好，真的就大發雷霆、生氣不願再試，需要爸媽不斷地打氣才肯繼續；小一就可以輕鬆駕馭的簡單16片拼圖，洋洋卻一直抗拒又分心，差一點要奪門而出，後來我們持續鼓勵快要20分鐘才願拼完。

洋洋確實是在家人在場的情況下，挫折忍受度驟降、情緒也不穩。當我描述他在遊戲時的動作品質時，爸爸便表示孩子的活動力是比班上男同學差一點，容易感到疲累沒耐心，不喜歡跟大家一起玩，尤其是要競爭的遊戲總是嫌東嫌西、說不公平要改規則，所以漸漸地同學就不找他玩。

後來我建議爸媽多帶洋洋去運動，不論是有氧運動或是肌力訓練，都先以「少量多次」為目標，慢慢地加強時間與強度，好好地執行兩個月後再評估。回去後，爸媽徹底地帶著孩子，全家人一起貫徹運動計畫。洋洋半年後回來再複評時，整個人脫胎換骨，不僅肌力、體力變好，情緒等各方面皆大幅進步許多，過去的困擾彷彿不曾出現過。所以孩子到底怎麼了呢？

黃老斯分析

這個案例的洋洋是屬於運動不足的狀況。大家應該想不到吧？運動太少還會這樣喔？洋洋在成長過程中的運動不論是量與強度都實在太少，因為爸媽工作實在太忙，下班接孩子回家的時間大家都累了，因此頂多帶去公園走走跑跑，其他時間都在家讓孩子看電視、玩陀螺與玩具車。

不只是上述的案例，若孩子在學齡前的運動量或強度不足、從事的運動太過於單一或挑戰不夠（很多人一直只有做某些運動而已），一直這樣到小學以上，就可能在求學的過程中，學習能力會容易遇到界線：像是體力太差，放學回家或到安親班就沒力氣寫功課或複習，老師或家長未必瞭解狀況就一味地勉強他們連續完成該做的事情才能休息，孩子便表現地效率不高、拖拖拉拉甚至情緒不好；臨床發現體能鍛鍊不夠的孩子，在專注力、挫折忍受度、解決問題的能力方面都較低下，在學校或家中容易分心、有不如預期的小事容易生氣、遇到問題較不願想辦法，希望一切都按照他們當下想要的來進行，造成他人的困擾或人際關係狀況。

美國運動醫學學會與兒科醫學會的運動建議指標是「**每天要從事60分鐘的中、強度運動**」，不僅很少兒童在生活中達到這項標準，甚至近年的平均運動量比過去還低，因此，請爸媽們一定要讓孩子們多運動，且盡量將此目標落實於日常生活中，多找時間運動。若實在有困難，至少週休二日和放長假的時間務必增加運動與活動量。

切記運動不要鬆懈間斷、一曝十寒，運動最補但務要持續！如此一來，孩子生活中的不知原因、莫名其妙的大小狀況說不定會因而改善喔！

黃老斯建議
爸媽這樣做

改善運動不足的 五大方法

方法一 ／ 找到孩子有興趣的運動

讓孩子從事他們有興趣的活動，不僅較能持之以恆，未來心情不好時，可透過此運動休閒來排解身心壓力，而不是一味從事可能會危害健康的活動，如打電動、大吃大喝。

方法二 ／ 偶爾要額外讓他們嘗試不同運動

像是爬山、攀岩、大地遊戲、趣味競賽或參加比賽等平時較不易接觸的活動，可以增加各方面的刺激。不建議讓孩子隨著自己的心意只從事喜歡的特定活動！要注意動靜態活動的比例必須適當且多樣化，不妨透過長假在比較輕鬆的情況下嘗試不同的新事物，增加孩子的適應性，說不定還能開拓新的興趣呢！

方法三 ／ 從運動中觀察孩子，適度地給予心理支持與鼓勵

因為運動的表現孩子可以很直接地感受到好壞，從過程中培養運動家精神、挫折忍受度、身體的控制能力與自信感，對於專注力、情緒控制和各方面穩定度都很有幫助。參加團隊的運動，也可發展社交人際技巧與互助合作的概念。

方法四 ／一週至少有三次中高強度的運動，每次六十分鐘

方法五 ／和孩子一起運動，這是家庭健康與和睦的不二法門

 黃老斯給爸媽
愛的教養小便籤：

1. 不論大人小孩都需要運動

2. 運動除了有益身心健康,還是排解壓力的好方法

3. 運動能促進使人感到幸福的多巴胺和腦內啡分泌,讓你越動越快樂喔

4. 比起大吃大喝紓壓，運動才是對身心最「補」的

5. 爸媽一定要幫助孩子找到能終身持續的運動

6. 國中前的孩子建議一週至少運動3天，一次最少1小時

17. 以為孩子只是姿勢不良的小懶蟲，想不到和「肌肉張力低下」有關！

實際案例

就讀小學一年級的可愛男孩強強跟著媽媽來找我，一見面就很有禮貌地向我問好，原以為他的行為表現和外面一樣可愛，實際上卻不然，因為當我精心佈置好符合年齡的遊戲場地後邀請他來玩時，男孩卻收起笑容一臉不屑地說：「看起來好無聊喔！這也太簡單了吧！太幼稚了，我不要玩！」

不過，這早已在我預料的範圍之內，不算是偏差行為問題。媽媽看我居然面不改色，驚訝地向我道歉並說：「黃老斯，我們真的有教小孩禮貌，但他有時還是會像剛才那樣失控，實在很不好意思！可是為什麼您看到孩子這樣說話或表現都不會被激怒而生氣呀？要是我或其他老師早就嚴屬制止他了。」

我笑著賣媽媽一個關子說：「這就是專業呀！」我們都笑了起來，才化解她的緊張與尷尬的氣氛。媽媽便順勢說起來找我的原因：「他看書、畫畫、寫字都趴在桌上，任何椅子都坐沒坐相，坐沙發幾乎是躺在上面，在學校很愛翹腳或盤腿坐、用腳去勾桌腳、椅腳，椅子有四隻腳，他偏偏要用前或後的兩隻翹著坐，上課時晃來晃去，很多招數，光是坐姿就常被老師寫聯絡簿，請家長回家好好教，問題是我們講他也講不聽呀，搞得好像是他家教不好一樣，根本百口莫辯。不僅如此，他站也沒站相，駝背凸肚子、體態很差，看起來超級沒精神，不斷提醒他挺胸縮小腹也沒用，像沒骨頭似的，被老師說態度差這方面我暫且不管，因為孩子對老師很尊敬，是他們誤會了，我是真的很擔心他以後會近視、脊椎側彎或長不高。請黃老斯幫幫我們！」

因為強強不肯玩遊戲，只好請他配合做一些評估測驗。好不容易說服他之後，確實發現強強的背肌和腹肌力量較弱，像是仰臥起坐放水讓他想辦法從躺姿直接起身都很困難，不是側身用手肘撐地板就是抓著褲子才能坐起。媽媽眼見此景非常驚訝地說：「我以為他只是姿勢不良，沒想到根本是肌肉無力！我們也常帶他去公園運動、盪鞦韆、溜滑梯，看他跑來跑去很有活力的樣子，晚上還電量十足睡不著，怎麼想也不覺得他這麼沒力。」

　　我補充說：「是啊，但強強不只是肌肉力量差，您仔細觀察或思考就能發現他的動作反應也不太敏捷，因為我早已發現，預測到他會拒絕需要技巧性的遊戲，所以剛才才能老神在在啦！他這個樣子在學校跟同學玩應該很吃力喔，孩子有沒有透露過人際關係方面的困擾呢？」

　　媽媽這下恍然大悟，一問之下終於知道不喜歡上學的原因，強強委屈地說：「同學都嫌我動作很慢，體育課跟我一隊的話就會輸，所以都不想找我。」本來以為是姿勢問題常被糾正而不喜歡老師，沒想到原來同儕互動方面竟出現了問題。

　　媽媽感謝地對我說：「謝謝黃老斯幫我們找到問題的癥結點，要是我沒帶強強來評估，不知道還要誤會他多久？請問黃老斯，現在開始補救加強還來得及嗎？」強強居然在一旁猛點頭表示同意，看得出來他也很想改變自己。

　　「當然沒問題，不過因為來得有點晚，就要加倍努力才行喔！個性與體力都會翻轉的！我們一起加油吧！」我笑著幫他們打氣。

故事中的強強屬於先天全身肌肉張力偏低（★註）的案例。所謂的肌肉張力（muscle tone），是指肌肉放鬆時，被動地拉扯所產生的阻力，或是維持姿勢時不刻意出力的表現，這邊特指後者。

若是肌肉張力低下，肌肉力量不足，無法好好維持身體在正確的的姿勢或不能持續太久，除了容易痠痛之外，也容易感到疲累。一般人可能會覺得沒什麼，有時有點小困擾卻也能繼續過活，認為只是一種個性或身心特質，但這樣的低張狀況卻可能引起爸媽對孩子的認知不夠正確，造成親子關係緊張與各種不解，參考很多教養方式都不得其法的原因可能就是來自於這隱形的問題──肌肉低張。只要確認原因，接下來就比較好處理了，但除非是專業人士，真的較難判定孩子的狀況究竟是源自於態度、性格問題或是肌肉低張。

回到案例的一開始，強強看似莫名其妙拒絕我這種狀況其實在臨床經驗中屢見不鮮，剛開始工作時我確實有點在意他們這樣的回應，甚至心情受到影響，但身為一個專業人士，若治療個案時沒有把自己的情緒抽離，可能就無法達到治療後預期該有的效果，久而久之我聽到這樣的話就沒感覺了，倒不是因為麻痺，而是我越來越會觀察孩子為什麼會這樣說？

是不是背後有一些原因？是個性、教養問題，還是表達方式？因此，我由衷希望爸媽與老師也能如此，在情緒上來前或下定論前再多忍一下，靜下心思考，先排除孩子是「故意的」，之後比較能客觀的分析。

以這個案例來說，大部分會這樣回應的孩子是由於挫折忍受度低，怕輸、怕丟臉、怕自己表現不好，不想看到自己做不好的樣子，所以沒有十足把握的事情，他們不會輕易嘗試，不然就是會想要調整遊戲的玩法、規則，甚至直接

逃避，他們肯定也會不願意接觸或挑戰新事物。

　　「能力不足」是造成挫折忍受度低的原因之一，因為沒有具備某方面的能力就被要求要做相關的事情當然會表現不好，比如說一個腳踝穩定度與力量較弱的孩子，在做跳躍、單腳跳、平衡相關的遊戲時容易跌倒並覺得丟臉，就會逃避拒絕。

　　畢竟孩子仍處在成長階段，各種能力本來就有所不同，所以面對有某能力不足的孩子不要一味地鼓勵或勉強他們去嘗試，而是幫助他們加強該能力，之後再讓他們慢慢地接觸那些原本不願意去做的事。此時家長和老師的觀察能力就很重要了，蒐集他們之所以逃避的原因，再進一步確認，才能更好地解決問題並幫助孩子。

★ 註：欲瞭解更多、更詳細關於「肌肉低張」的內容，可參考黃老斯的第一本書《爸媽請放心》。

改善肌肉張力低下的
三大方法

關於肌肉張力低下的狀況，建議爸媽可以帶著孩子從事以下活動：

方法一 / 先從低強度運動開始

對於很不喜歡運動的孩子，爸媽先想辦法抽出時間帶他們動一動就好，像是離開家裡到外面走走逛逛，低強度的運動即可，適應之後再增加頻率、時間與強度，不可操之過急。

方法二 / 訓練肌肉力量的運動優先

以肌肉力量（兒童體適能、體操、瑜珈等）的訓練為優先，有餘力或興趣才做有氧運動（跑步、騎單車、游泳、直排輪等），之後再開始找尋有興趣的運動來學（各種球類或武術）。因為肌肉張力較低的人，做完有氧運動後就沒有力氣了，所以要把最好的體力先用來精準地鍛鍊肌肉。

方法三 / 保持運動頻率

建議中高強度，少量多次，每次五到十分鐘，一天兩三次。

黃老斯

黃老斯給爸媽
愛的教養小便籤：

1. 肌肉低張不是病，但千萬別忽視

2. 有時真的是身體因素不是內心或個性問題

3. 孩子如果真的不愛運動，就先從多動動、多出門走走開始

4. 越小開始介入越容易改善

18. 不順孩子的意就在外大鬧，一看他哭又容易心軟……

實際案例

前陣子有位讓我印象深刻的小二女孩芮芮來到治療室，主訴是情緒起伏很大、挫折忍受度很低，尤其是當周遭的人沒有順著她的意思行動時，攻擊他人的行為與眼淚都是沒有延遲一秒地同步出現，不論對家人、手足或同學都不例外。

媽媽無奈地說：「從小至今只要逛賣場沒替她買想要的東西，便不顧公共場所中眾人的眼光，彷彿不知道自己已經七歲，直接躺在地上打滾大哭、尖叫，全身髒掉都沒有關係，到處撞東西並且摔零食、面紅耳赤，柏油路或泥巴地照躺不誤，滿身傷痕也無所謂……小時候也很厲害，會站著直接往後倒，用頭撞地，還會自行嘔吐或臉色發白發紫，一副無法換氣、根本決心要死給你看的模樣。我們簡直束手無策又不忍心，所以只能順著她到現在，可是上小學之後，實在無法跟在身邊，自己鬧之外還會打同學巴掌或丟他們的東西，學校老師時不時打電話要我們到校處理及安撫，真的不知所措了。」

我很好奇芮芮的爸媽到底如何順著她，所以問：「請問你們都是怎麼搭配她？一開始就這樣嗎？還是經過一番折騰後妥協了？」媽媽說：「其實我到現在都不會馬上如她所願，以為能改變她，想不到每次都還是鬥不過她。當她開始出現彆扭行為時，我就會走遠觀察等待，但過不了一會（約莫五分鐘以內），一方面受不了路人的眼光，一方面看到芮芮傷害自己、遍體鱗傷的模樣，就會心軟……」

　　這個案例經過評估後，除了孩子本身的狀況外，主要還是由於爸媽的不夠堅持、不斷地息事寧人，甚至有求必應，造就了孩子的行為與情緒問題，最後無法解決還越演越烈。這種情形常見的兩個原因是：

（一）立即滿足孩子需求：

　　孩子還小時，一有風吹草動就立刻回應，小到咳嗽、發出聲響，大到跌倒、大叫哭泣；一有需求就立刻滿足，像是吃喝什麼食物或要得到什麼東西，會讓孩子養成無法等待並認為「立即回應、無條件」給予是大人該做的基本項目。

→黃老斯這樣說：絕非要大人凡事冷處理，而是判斷沒有安全疑慮或生命威脅的狀況後，就等待並觀察孩子的行為與需求的必要性後再見機行事。

（二）未及時糾正孩子錯誤行為：

　　當孩子出現偏差行為時未好好教導、制止與處理，會讓孩子認為這一切都是理所當然，長大後若被糾正，就會覺得為什麼以前可以，現在就不行？

→黃老斯這樣說：雖然我能理解照顧者疼愛子女的心情，但這樣下去，混亂與心累不僅僅會反覆上演，孩子經常如此情緒失控，對於腦部成長更是一種傷害，也讓將來的教育和管教會越發困難。一般這樣的情況都需要早期介入，在孩子小時候就趕緊改正反應模式，才是根本的方法。

改善不當行為的
兩大方法

在案例中，芮芮的情形屬於給予獎勵、讚美一時之間很難有效的孩子，比較難處理，所以需要更多的耐心。臨床上要減少他們不適當的行為，通常會在狀況發生的當下使用這兩種方法介入：

方法一 ╱ 隔離（time-out）：

在有危險或破壞的行為發生的當下就要立刻使用！把孩子帶到角落或離開現場到沒有增強物的地方，像是離開賣場，為得是讓他們能冷靜下來，負面情緒若持續高漲，停下來思考溝通的可能性就下降，甚至他們還會忘記當初到底為何會開始失控。

❶ 大人要淡定

孩子有可能會因為被帶離而故意鬧得更厲害，此時大人「絕對不能講話」，不要說道理，或是要他們安靜、閉嘴，也別問「發生什麼事」、「為什麼要這樣」，只要陪伴他們在旁邊，以掌控突發狀況或危險，最好可以保持面無表情，嚴重時甚至不能有眼神接觸。

❷ 孩子在家的話要到哪裡冷靜呢？

不只是小孩，大人面對衝突也會想暫離，家裡可以制定一個冷靜區，需要的人就可以過去，或每個人固定有一個小基地，像是選一塊地毯、地墊、椅子、沙發座位，也可用膠帶圍出一個角落空間或圈圈坐好，在爸媽或自己的床上待著都行，大人記得一定要陪在旁邊，不可以把小孩放著就離開了。

不建議用面壁思過、罰站或半蹲，因為重點在於讓腦靜下來，而不是受到處罰或體罰（肉體得到痛苦）！

❸ 要冷靜多久？

時間是最重要的，通常建議「幾歲就是幾分鐘」，在旁邊計時或定鬧鐘給他看，沒有冷靜的話就再一個循環，幾歲的孩子都可以使用。為的是讓孩子練習在一個地方處理情緒，頭腦靜下來後再來討論狀況，讓孩子清楚瞭解到不是危急的狀況就不需要這種激烈反應，就算是危急的情形，也還是能夠好好用口表達，做不到的話就必須好好練習。

方法二 ／ <u>有計畫的忽略：</u>

❶ 若已確定孩子的行為是為了引起大人注意時可用。

❷ 一律忽略沒有危險和破壞性的行為（大哭大叫、說不雅的話、做奇怪的動作等），但孩子會挑戰大人的極限，所以剛開始用時不會馬上見效，行為有可能還更激烈誇張，此時若不明就裡地妥協就會前功盡棄。

❸ 不能一味地不理會，要讓孩子知道什麼才會引起您的注意，把不適切的表現換成「好行為」，他們一旦做到就要給予積極的讚美來增強好行為！

★大人本身情緒也要自我覺察

　　大腦未成熟的孩子，處理情緒本來就需要透過學習，若大人本身的情緒控管不夠好，或當狀況來時亂了手腳、沒有章法地應對、只想強壓不當行為等，孩子的反應自然無法好好地被塑型，還會影響生理、心理的發展，實在得不償失！希望爸媽都能更加防微杜漸，更多地瞭解孩子並使用合適的方式對待。

黃老斯給爸媽
愛的教養小便籤：

1. 深呼吸～孩子鬧起來時,大人一定要 hold住自己的 情緒

2. 爸媽自己要做了孩子情緒的好榜樣

3. 暫時離開情境是很好的冷靜方式

4. 不要放縱 學齡前的孩子情緒爆炸

5. 絕對要避免彼此以 情緒威脅

6. 大人的情緒控制能力就是孩子的情緒
控制能力

19. 別忽視 「0－3歲幼兒」的壓力

今天收到一位媽媽來信詢問：

老斯您好，我兒子勛勛目前一歲一個月。每次聽到勛勛在哭，我都無法分辨他哭的原因。我一開始常以為是生理需求（例如肚子餓了或尿布濕了），結果泡了奶或熱了粥他都不吃、檢查尿布也沒事，找半天發現好像是皮膚癢，想說幫他抓抓就好了，但每當他一哭，我常常找不到原因，然後大費周章之後又把食物倒掉。

他目前上下排各有兩顆還沒全部長出來的牙，根本咬不了大人的食物，幾乎都用吞的，偏偏他又特別想吃，哭鬧之後只好給他，能給他吃的食物種類和分量也有限，結果變成吃的很少，很怕他營養不夠，各方面成長和長牙齒速度更慢，更不能趕快吃，實在很令人困擾。

本來出生到三個月大都算是好照顧，後來彷彿床上突然長出刺一樣，睡床就咿咿呀呀睡不著或是熟睡後放上床就立刻醒來，總是要人揹著哄和搖，再大一點變成要坐搖籃或推車晃，後來哭鬧時間逐漸拉長十分鐘到一小時……最近越演越烈，變成要開車出門繞至少半小時才會睡著，我跟我先生都快精神耗弱了，上班已經夠累，想不到這個孩子還如此難養。老斯請告訴我們該怎麼辦？謝謝您！

勛勛媽媽

案例中的問題大致上可以分為三大因素，

（一）爸媽的陪伴太少或陪伴的品質不佳：

孩子需要被愛、被關注而出現想要吸引大人目光與關懷的行為。通常這些行為都需要花較多時間處理或安撫（像是上述的飲食和睡眠問題），因為孩子唯有把自己的狀況弄得越難以處理，才能獲得大人越多的照料。

（二）孩子壓力太大：

許多大人聽到這個原因都會很驚訝，覺得這麼小的孩子每天吃飽睡、睡飽吃，不然就是玩來玩去，生活起居都有照顧者服事，又不用上班賺錢、操心煩惱一堆有的沒的，也還沒上學或嚴重的課業負擔，到底壓力在哪裡？

❶ 成長的壓力：

在年紀越小的孩子身上越明顯，從發展里程碑的「進度」就知道他們的身體各項發展每天都在趕進度，像是七個月要會坐起，下個月就要會爬、一歲要開口講第一個字、會自己站起來走路，一歲半就要會拿筆塗鴉，沒多久就要會一個新的技能，成人也未必能在每個月至少習得一項新的事物吧？這樣思考應該能體會孩子的辛勞與壓力了。

寶寶從出生開始，每個月快速地逐漸變大隻，長牙、長骨頭皮膚、大腦神經內臟器官機能，都在飛快地成熟，長牙會痛、身體被拉扯著變大會不舒服、成長的過程既喜悅又包含著隱約的辛苦，加上語言表達不好，就算覺得自己怪怪的也無法描述。如同大人狀況不好時會容易有無名火一般，直到成長告一段落之前，孩子程度不一地處在這樣的感覺中（有時吃也吃得不開

心、不知道想吃什麼、睡覺也睡不好、想睡又睡不著），因此當他們在行為情緒方面比較不穩定時，請大人務必把這個因素考慮進去，就不太會認為孩子無理取鬧、故意惹事。

❷ 大人自己生活的壓力：

工作的壓力、經濟的壓力、照顧孩子的壓力、夫妻家人間的相處，透過生活的氣氛渲染到孩子身上，我稱之為無形中的壓力，這些都有可能會引發孩子出現行為問題。

（三）身體與環境因素：

❶ 腸胃不適、脹氣便祕、鼻子過敏、鼻塞、呼吸不順、氧氣吸入不足、口呼吸、皮膚過敏等，是常見可能影響心情與情緒的狀況。

❷ 溫度、濕度、衣服材質、床鋪軟硬、環境周遭的聲音、光線強弱等，對於敏感的孩子來說，都是引發情緒的爆點，也是看起來很難照顧又是大人很難覺察的原因之一。

這個案例到後來確認是屬於第一個和第二個原因，爸媽調整了和勛勛相處的方式並提高陪伴品質，也幫自己和孩子適時適度地紓壓後，孩子沒過多久就變成天使寶寶了呢！

黃老斯建議
爸媽這樣做

改善幼兒壓力大的
三大方法

方法一 ╱ 觀察找原因

爸媽比起我們專業人士，和孩子相處的時間一定多更多，只要從生活中仔細觀察，一定能找出造成行為問題的原因，確認後就可以對症下藥了，與其亂槍打鳥，聽到一個方法就試一個或強制壓下孩子的行為，不如好好地靜下心來面對並處理。

方法二 ╱ 觸覺輸入法

❶ 這是針對上述所提到的「爸媽陪伴太少或陪伴質量不佳」和「孩子的成長壓力」兩個原因的解決方式，兼具增加陪伴質量與舒緩孩子身體壓力的作用。觸覺輸入本身就具備安定、舒緩、增進情感交流的功能，像是我常講的「抱緊處理」，抱抱、摸摸身體、摸摸頭等撫觸動作，都是很好的觸覺輸入。

❷ 我最推薦爸媽使用「按摩」，若孩子大了就爸爸幫兒子，媽媽幫女兒按摩，透過按摩可以減輕孩子身體長大過程中的各種不舒服，爸媽可瞭解孩子的身體是否有比較緊繃之處和成長狀況，順便教導孩子如何認識及保護自己的身體。

❸ 對於較少時間陪伴小孩的大人（工作是長期出差或早出晚歸），可以大幅增加親子感情與相處的質，並能降低未來在叛逆期的情緒衝突。不限年齡，從出生到大學都非常適用與推薦親子按摩。

方法三 ／ 爸媽放輕鬆

有此狀況的爸媽們請不要太過緊張或自責、惶恐，黃老斯認為孩子有這些行為出現都表示是好事情，至少我們能因此檢視目前的生活狀況及壓力指數，最怕的就是大人小孩雙方平時什麼都沒有表現出來，等超過了臨界點就直接爆炸、逃離、傷害自己的身體甚至危害生命等情況，才是我們所不樂見的，記得和孩子一起適度運動、注意營養、調整作息是紓壓與健康的老生常談也是不二法門！

大家都知道「爸媽身心好，孩子才會好」，反之，「孩子不好，有可能是爸媽身心不夠好」。通常大人會直覺地認為是孩子出問題，並致力於解決他們的狀況，卻忽略了也需要好好地檢視自己，所以爸媽們一定要更好地照顧身體喔！

黃老斯給爸媽
愛的教養小便籤：

1. 生物都會有壓力,比起逃避或壓抑,
陪孩子一起面對並處理壓力才是
最好的方式

2. 探討孩子的壓力前,爸媽都先要檢視
自己的壓力

3. 孩子成長的壓力不可忽略

20. 別忽視「4－8歲學齡前後兒童」的壓力

爸爸帶著讀幼兒園大班的兒子崴崴來到治療室，憂心忡忡地問我：「黃老斯，我的孩子從小班就開始讀，一直以來都有被說專注力不太好，但我們就想說孩子這麼小，到底是要多專心，認為可以再觀察看看。但從上個學期開始，從園長到所有老師都說他靜不下來、無法專心上課，情緒起伏特別大，稍微不順他意，就會摔東西、大哭，踢或捶牆壁之類的。」

我說：「聽起來是有點激烈，請問在家的表現也是如此嗎，還是只有去學校才這樣呢？」

爸爸思考了一下才回答：「專注力算是好或不好這方面我們沒有辦法判斷，畢竟在家沒有要做什麼需要專心的事，不過大家都覺得他看起來態度不太好、很沒禮貌的樣子，因為他平常不論身在何處，都無法好好地站著或走路，一定會扭來扭去、動來動去；還有跟他說話時，會一副沒聽見的感覺也不回應，若稍微大聲問他『大人在說什麼？』他有時可複述，但最經常表示不知道，我們就覺得他根本沒在聽。」

因為通常家長描述孩子會動來動去的話，我都會猜是否有感覺統合方面的自我刺激行為，於是我再問：「請問孩子有其他的特殊表現或行為嗎？像是原地跳躍或轉圈圈、咬什麼東西或按壓扭玩具之類的嗎？」

爸爸眼睛睜大地說：「有有有，最近這幾個禮拜，我發現崴崴會有清喉嚨或乾咳的聲音，問了他又說沒有不舒服，而且後來開始咬指甲，短短幾天

就把兩隻手的指甲都咬光，他不知道自己為什麼要這樣，這陣子我有覺得更不對勁，只要跟我們講話他就開始咬手，叫他不要這樣也講不聽。請問是相關的嗎？我兒子到底怎麼了？」

黃老斯分析

如果案例中的崴崴是自己的孩子，您會怎麼猜想呢？

原因A 因為專注力不好的關係，所以情緒不穩、晃來晃去，好像態度不佳，被大人責備後出現壓力而有咬指甲的情形發生。因此，要改善、加強專注力。

原因B 因為有壓力的關係，所以專注力不好、情緒不穩、晃來晃去，好像態度不佳，並且開始咬指甲。因此，要處理壓力問題。

這兩種可能，看起來很像但其實不一樣吧？哪一種發生機率比較大呢？

以我的臨床經驗，是B比較常見喔！A情形在這邊不多著墨，簡單來說我們會再深入尋找孩子專注力不好的原因，然後個別處理。這個案例是屬於B情形，壓力使得孩子表現失序，反映在專注力、情緒起伏、自我刺激行為（咬指甲、搖來晃去）。

然而，大人們常會把孩子呈現的模樣當成「原因與問題」，情緒不穩就問怎麼讓孩子情緒穩定，咬指甲就問怎麼讓孩子不要咬，不專心就問怎麼讓孩子專注……大人往往忘記換一個角度觀察思考，到底造成這種樣子的根源是什麼？為什麼孩子情緒不穩？為什麼孩子要咬指甲？為什麼孩子會不專心呢？

不少大人也會因為壓力太大而造成身體不舒服、肩頸痠痛、腸胃不適或睡眠問題以及生活中的各種表現失常，對吧？因此，壓力當然也會影響專注力呀！

或許有人會疑惑：「學齡前後的孩子也會有壓力嗎？」會的，除了表現出專注力不好以外，若孩子出現「觸覺刺激」的行為，可能就是有壓力，為了讓自己放鬆或轉移注意力。仔細觀察，會發現許多孩子會透過類似行為使自己容易入睡或是放鬆，有的是放空發呆時才出現，有的是緊張焦慮時出現，有的是情緒不穩、大哭時伴隨著出現。

因為觸覺的輸入有某種程度的安定效果，也是一種轉移注意力、暫時脫離情境的方式，然而每個人習慣或喜歡的方式也不盡相同，像是拔頭髮、摳頭皮、咬嘴唇、不自覺磨牙、咬指甲、吃手指、揉捏小東西等，甚至有的孩子會有「自慰」的動作……若爸媽看到學齡前後的孩子做出「那動作」時，想必是驚恐又擔心吧？

所以遇到這種情形時，我一定會好好地詢問一下孩子的作息狀況、飲食、活動量等基本狀況，找出壓力來源：

（一）作息與飲食

作息不正常、晚睡晚起、飲食不均衡的孩子，面對壓力時的忍受度會比較差。

（二）活動量

❶ 現在的孩子普遍活動量都不夠，擔心安全問題或是都在讀書學習、安親班寫作業等。若是一天的電力沒有放完就被要求去睡覺或是安靜地從事靜態活動，孩子睡不著、坐不住，又被要求要乖乖聽話，就會變

成一種壓力來源。

❷ 若是電力消耗過頭，就會變成「過勞」的情況。如同大人下班回家後，身體很累卻無法馬上入睡一般，此時需要好好放鬆，紓壓，大人或許會透過自己喜歡的方式紓解，比如泡澡、吃點東西、按摩、拉筋伸展運動等，但孩子們並不會知道自己是這樣的狀況，也不懂得運用那些方式，所以顯得躁動、不安、睡不著等，而形成壓力，只好開始一連串的自我刺激紓壓，有的孩子便會透過『自慰』來放鬆，有的大人好像也會……。

（三）教養與對待方式讓孩子有壓力

　　若作息正常、飲食均衡、活動量充足，孩子仍有自我刺激的行為，可能就是已經養成習慣，沒壓力也想這樣刺激自己（沒事也要咬指甲）。

黃老斯建議 爸媽這樣做

改善學齡前後幼兒的 三大方法

方法一 / 關於作息狀況、飲食與活動量

❶ 調整作息跟均衡飲食（真的已經是老生常談了呀）。

❷ 為孩子安排足夠的活動與運動時間，便可以解決，而且運動也能提升抗壓性。

❸ 幫助孩子放鬆，給他們泡澡或是替他們按摩，可以紓壓又能增進感情。

方法二 / 避免過度控制

不少家長對於孩子控制的慾望比較強烈，總希望孩子能一個口令一個動作地按照自己的心意度過生活，有的家長連孩子寫功課的順序也要介入，比如說，一定要先寫數學才能寫國語，寫完才能換下一本，不能跳來跳去……其實只要同理到我們大人的工作就可以了，比如說，主管交代我們的事情，是不是只要按照要求，如期交出就好？若主管連我們做事的順序都要安排的話，是否很令人崩潰呢？

方法三 / 避免「過度」要求

成績、環境整潔、生活禮儀、交友狀況、課外才藝等，別對孩子太過於求好心切，不是不做要求與期待，而是有智慧地判斷後再調整鬆緊吧！孩子身心出狀況，不會比較好。

⋯⋯⋯⋯⋯⋯⋯⋯⋯⋯⋯⋯⋯⋯⋯⋯⋯⋯⋯⋯⋯⋯

　　孩子是上天所賜與的禮物，家人也是彼此生命的力量，既然如此珍愛著，記得每天多空出一點時間觀察並關心孩子唷！

黃老斯

黃老斯給爸媽
愛的教養小便籤：

1. 孩子講不聽時一定有原因

2. 外在環境和過度要求也是孩子的壓力來源

3. 教孩子「我們並非逃避壓力」，而是要學習共處和調適

21. 孩子吃飯愛挑食，要人追著餵飯，爸媽心好累！

實際案例

今天收到了兩封媽媽來信：

老斯好，我的女兒兩歲六個月，這陣子開始非常誇張地挑食，原先是葉菜類和肉類完全不吃，我擔心是口腔肌肉沒力氣或是吞嚥有問題，結果發現只要是她所喜歡的食物，不論質地口感如何都能順利吃下去。於是我用她喜歡的食物調整做法，慢慢加入一些她不接受的食材，有短暫成功均衡飲食一小段時間，之後變成居然什麼都不吃，只吃白飯、白麵條、白吐司這種沒有配料的純澱粉主食，其他食材我再怎麼變換煮法，不吃就是不吃，若勉強她吃下去，不吃就坐在餐椅上不准下來，她寧可哭著含食物一小時也不願吞下去，最後爸媽太累只好妥協。請問小孩嚴重偏挑食而且軟硬都不吃的狀況該怎麼辦？

老斯好，我的兒子兩歲三個月，本來稍微自己會吃飯，但不知為何從一歲八個月左右開始每餐都要人追著餵，如果要他好好坐著吃飯，只有拿出手機放影片才有用，我們也不想這樣，在家有力氣我還會追餵飯，沒力氣或在外用餐時，怕他不吃或吵鬧就要出動手機，然後我又會被先生和公婆唸，請問到底該怎麼辦才好？

（一）關於挑食

❶ 孩子的生理發展狀況

　　食物的顏色、口味、口感、氣味、質地（大小、軟硬、形狀）、烹調方式等都是不同的感覺刺激，若孩子調節刺激的能力不好、口腔肌肉沒有力氣、咀嚼或吞嚥動作不佳，就會成為挑食的原因之一。

　　通常他人難以理解孩子究竟是經歷了什麼，導致他們難以忍受到想要逃避，大人不妨試想自己在吃不喜歡的食物那種恐懼，就稍微能體會因發展狀況而挑食的孩子為何如此表現，建議尋求專業評估以找到合適的方法介入。

❷ 大人的問題

　　(1) 輕易妥協：

　　當孩子不願意吃正餐、不願意吃某些食物，大人擔心他們會肚子餓，就喝奶喝飽、給零食或讓他們吃喜歡的，認為至少比不吃好；有的則是零食吃太飽，不願吃正餐，結果孩子挑食的狀況不見起色或變本加厲，甚至變成偏食（某一類型食物都不吃，如：綠色的、肉類都不吃）或影響到生長發育、產生身心情緒等問題；若大人沒有用對方法、強制地要孩子進食又會讓親子互動變得緊張。

　　(2) 本身就有挑食或偏食的情形：

　　在家中就不會出現特定的食物，孩子自然就不容易接觸到，在學校就不敢吃，有的孩子因而營養不均衡，爸媽卻沒發現。

(3) 烹飪方式或手藝問題：

如何將食材處理地美味好吃真的很重要，曾有不少挑食問題，發現是大人的廚藝不精、一成不變或味道太過清淡讓孩子食不下嚥。

(4) 給太多吃膩了：

有的大人會認為某種食物特別好、特別有營養，一定要天天吃，若再加上做法沒有變化，很容易會讓小孩吃膩，原本喜歡吃的也變成討厭吃。

（二）關於餵飯

從發展里程碑的角度來看：

❶ 11－12個月大的寶寶，已經可以跟大人一起坐在餐桌上用餐、自己用湯匙舀碗中的食物到口中，雖然不是吃得很好（可能會有食物掉落），有的寶寶能自己吃完一餐，有的則仍需大人餵完剩下的飯。

❷ 16－18個月（1歲半前），就會自己用湯匙獨立吃完一餐了（可能會掉一些出來）。

如果兩歲後還要大人餵，就要思考一下為什麼會這樣囉！是孩子動作或認知能力發展較慢，還是「大人的決定呢」？

有些照顧者堅持孩子的飯量一定要保持在某種程度，不然就會認為孩子沒飽或長不大（有一種餓，叫做爸媽覺得你餓），所以不管進食時間多久都要餵完才收工或不囉嗦就直接全程餵；有些照顧者為求效率，覺得孩子自己吃太慢了，於是就餵飯；有些照顧者因為孩子不想吃，怕影響生長，所以用手機、電視的影片給他們看，然後在一旁餵飯。

以上種種，就算是「大人的決定」，所以只要大人的心態與方式願意調整，孩子的行為就會改變的。

黃老斯建議
爸媽這樣做

改善孩子挑食，
要人追著餵飯的**六大方法**

方法一 ╱ <u>不輕易妥協</u>

老實說，不論是挑食偏食、追餵飯或配3C才吃飯，若爸媽實在很在意這樣會影響發育成長，就讓他們餓個幾餐，不吃就不要吃，不給零食，連奶也不給喝，肚子餓的情況什麼都會吃，記得過程中堅守原則就好，千萬別責罵或處罰喔！

但若發現孩子沒有軟化，並非是毅力驚人，有可能是那食物真的太令他們懼怕，大人也要適度放手與調整別太堅持。

方法二 ╱ <u>營養均衡即可</u>

每個人都有不喜歡的食物，只要從其他食物把該攝取的營養補足即可，未必需要什麼都吃。

其實人的口味會改變，我小時候也是挑食王子，不愛吃苦瓜、茄子、芹菜，肉只吃豬雞魚的特定部位……（族繁不及備載，怕嚇到大家就不列舉了），但隨著年齡增長，現在接受度越來越廣，越來越有口福，真的無須讓孩子覺得吃飯很痛苦。

方法三 ／ 和孩子討論怎麼吃

問問他們喜歡的烹調方式與口味是什麼、在日常怎麼調整飲食才能皆大歡喜。平常就以輕鬆的氣氛聊天瞭解狀況，而不是在大人下班做飯、孩子放學回家，雙方都已經又餓又累、血糖低下容易失控的晚上六點半探討飲食原則。不只是吃的方面，其他部分如果也常這樣對話，就能增進更多的理解並減少不必要的衝突喔！

方法四 ／ 建議不該吃的東西根本不要出現在家裡

顏色繽紛鮮艷、口味過重的零食，各種甜食飲料、油炸物或點心是不少大人小孩所愛的，人工色素、糖分、添加物、高熱量對任何年齡的人都有傷害又容易上癮，許多孩子是跟著爸媽一起吃的，若常接觸這類型食物便會不喜歡吃正餐、營養失衡，尤其是正在成長發育中的孩童，爸媽真的要為了他們把關！

由於並非每個大人都有正確的觀念，孩子出門在外、與親朋好友見面，可能會遇到有人請客、分享零食，像是長輩餵食，或幼兒園有小朋友慶生，家長會準備糖果餅乾發給全班，實在防不勝防。

平時就要讓孩子練習思考，瞭解吃下對身體不好的食物真的會有影響，當面臨有人給自己不好的食物時該如何處理。除了藉此讓彼此更加重視飲食的重要性之外，親子間可進行更多討論：試著瞭解不同零食的不良影響、天然食物的好處、孩子喜歡吃什麼零食、為什麼喜歡等等。

方法五 ╱ 經營全家人一起用餐的時光

營造開心愉悅又放鬆的氣氛，讓孩子期待吃飯的時間，既可避免案例二的餵飯狀況，成為親子交流的好時機。

方法六 ╱ 把握關鍵時期

我常跟爸媽說，以後不想追著孩子餵飯，想讓他們可以好好地自己吃，就要把握11個月到16個月這段歲月，因為這時候孩子在建立自主性，「凡事會想要自己來，又喜歡模仿大人，想跟大人做一樣的事情」，建立起習慣之後比較輕鬆省事。

⋯⋯⋯⋯⋯⋯⋯⋯⋯⋯⋯⋯⋯⋯⋯⋯⋯⋯⋯⋯⋯⋯⋯⋯⋯⋯⋯⋯⋯⋯⋯⋯⋯⋯⋯

　　臨床經驗觀察到有些專注力不足、行為問題、情緒控制不佳、人際社交有狀況的孩子，評估後發現竟是飲食所致，有些情況則是配合調整營養就大幅改善，可見是否吃得健康舉足輕重，如何健康又愉快地用餐，真的需要爸媽更加認真看待並用心思考。

黃老斯

黃老斯給爸媽
愛的教養小便籤：

1. 尊重孩子的選擇並保持觀察

2. 「不妥協也不強迫」是重要原則

3. 孩子挑食時，記得檢視食材的處理方式

4. 感覺統合的狀況一定要考慮進去

5. 盡量不要為了讓孩子吃飯而拿出手機、平板

6. 有很多方式能補充營養和熱量,爸媽不要太執著於某些食物

22. 孩子愛打人、沒禮貌，真的好失控啊！

有位媽媽帶著兩歲兩個月的男孩浩浩憂心忡忡地在講座分享過後來找我，說：「最近我家浩浩開始出手打人，是不是覺得這個動作可以讓被打的人害怕或看的人開心？該如何讓孩子了解打人是不對的呢？」

我請媽媽再多一點描述生活日常發生的狀況，她說：「我們曾在他打人後抓著他的手很嚴肅地說『不可以打人』，但沒有用。而且只要表情認真地講道理時，也會出手打或用腳踢我們；不管是開心或生氣，都會打爸媽或玩偶，有時候會很大力揮打或摔丟身邊的東西。不知道是不是故意的，告訴他要輕輕摸、這麼用力東西會痛之類的話，他只有聽到時輕輕摸，但過後依然故我。近來在托嬰中心開始出手打或推同學，現在話說不清，根本問不出打人的動機，搞得我們還要去道歉，真的很困擾。」

因為通常這方面問題我都會先往教養來猜，於是便問：「在孩子開始進入打人之前，在教導或對待方面有讓他看到、聽到、對他用『打』或相關的動作嗎？」

媽媽想了一下說：「因為和公婆同住，他們會對孩子說不乖要『打打』，如果他把桌上的東西弄亂了，他們就會抓起孩子的手，在手心上輕拍說『不乖，打』；有時候要孩子幫他們搥背，但用的動詞就是『打』，一直笑著要小孩『打』大力一點，『打』這邊又那邊，『打』得好！我有隱約覺得如此教小孩似乎不太好，有試著家人溝通過，但他們仍不以為意。」

請問孩子的行為難道真的是和家人這樣對待有關嗎？還是情緒問題呢？到底該怎麼有效地處理這種行為？」

我準備回答時，媽媽又緊接著說：「對了，還有他好像覺得眼中的玩具、食物和東西都是自己的，尤其是吃的。就算自己手上有餅乾，他還是會把別人手中的直接拿走，特別是年齡相仿的孩子更嚴重，他好像以為所有的人都要凡事讓他，所以每次發生這種事情時會立即告誡並制止他，不過一樣沒奏效。由於他是獨生子，平時又不常有機會跟其他孩子相處，我實在很擔心他上學前這樣在家裡會變得越來越自我中心和任性，我們到底該怎麼教孩子要有禮貌呢？」

黃老斯分析

孩子的成長過程裡，我不斷提到要參考發展里程碑的重要，因為這可說是一個指標，瞭解的話，就能對孩子有「正確的期待」，會清楚知道何時要協助、何時該引導、如何對待、該用什麼程度的話語來溝通；若不知其發展程度，就很有可能發現孩子的表現與大人的期望不相同，也可能因此誤會孩子「為什麼不會這個？」、「為什麼這樣還聽不懂？」以為他們是故意的、生性懶惰、不聽話、很難教；或「他還小，所以這樣表現是正常的」，而低估了孩子的能力，使他們缺乏了練習機會。

案例中的浩浩才兩歲多，語言發展程度尚未足以表達自己想法，認知能力也沒達到可以「只用言語教導」就理解，所以大人必須透過觀察來推測孩子此行為背後的意圖與需求，再針對推論去嘗試找出解決方法。

因為孩子無法用言語讓他人瞭解自己的感受，所以才使用動作，打人也

好，搶食物也好，情緒問題要處理情緒（容易生氣），觀念問題要處理觀念（自我中心、物品歸屬），行為沒規矩就要訂下規矩。

（一）情緒問題：

帶離當下情境，以同理心猜測孩子的感受。

現在是不是很生氣？／你是不是急著想要媽媽看你玩？／是不是別人不借你東西？／你是不是以為別人吃了你的米餅呀？

不管孩子是否聽懂，我們都要先做出這樣的回應，藉此讓孩子思考或釐清自己的感覺，為了將來可以表達而學習。

（二）觀念問題：

語言發展還不足時，比較難用言語溝通，所以要用行動讓孩子體會，如：只要他想打人或伸手想拿他人的物品時就立即帶開或制止。

（三）訂下規矩：

發生過一次的事件，就要訂下規矩，以防反覆出現變成習慣，只要有情緒就打人、看到別人有食物就想拿走；或進而形成觀念，認為打人、搶東西也沒有什麼關係。

在此例中，媽媽有提到其他家人對孩子的教育，我不能說沒有影響，因為這麼年幼的小孩，腦中的觀念一定是從環境中習得，大人經常地使用「打」這個動作和孩子互動，加上人類遇到有害怕、威脅感的事物，本能是逃開或攻擊，因此「打」的行為就容易變成一種慣用模式，確實需要正視教養的狀況。

改善孩子攻擊行為的 **兩大方法**

方法一／ <u>當下可做的處理：</u>

❶ 觀察孩子錯誤行為前的預兆（如手舉起來要打、走過去準備拿別人東西），
事先預備好，在他們行動之前或發生的瞬間就到他們「身邊立刻」制止。

→ 不可以等到事後、發生後才說，也不能遠遠地聲控、遙控。

→ 一定要在孩子旁邊，要抓好時間點，爸媽需要辛苦一點讓自己眼明手
快，但很有效。多試幾次後，孩子會感受到這個行為是不應該的，甚
至可體會到此「念頭」是不好的。

❷ 若大人來不及預防或立即反應過來，就要讓孩子看見事後不好的結果；被
打的大人要表現地很痛苦、馬上剝奪一樣他們的權利或喜歡的東西，事先
必須約定好的，如玩具沒收、點心不能吃、一起到某處待著三分鐘不能離
開（不是罰站，而是讓他們體會到這樣是不好的），只要出現這樣的行為
後立刻執行，養成習慣與觀念。

→ 切記：不可以很溫柔、不要緊地對孩子說明，而是不兇、不生氣卻強
烈又堅定的語氣和態度。

方法二／ 提早去做吧：

孩子正在發展哪個方面的能力時直接讓他們養成習慣，將來就不需要額外花心思來調整或提醒。不過，人與人之間的應對方式、禮貌、如何說話與反應、如何瞭解他人的語意和情緒，常需要透過情境來練習，但又很難總是剛好有狀況可供教學，所以除了口語教導、身體力行之外，建議爸媽：

❶ 多帶孩子出門走走，與年紀相仿的同儕接觸，增進適應力並觀察表現。

❷ 以繪本故事傳遞觀念，必要時使用多媒體、電視、網路影片及各種情境的劇情和孩子討論。不論年紀，比起事發之後再教導，不如在大家心情都好的時候事先做好教育。

❸ 扮家家酒：搭配孩子的發展程度以遊戲實際互動來教導，是潛移默化的好方式，同時檢視自己在教導孩子時是否有需要加強與補足之處。

(1) 按照認知發展的程度來看，孩子在兩歲到兩歲半就開始會玩假裝的遊戲了，像是假裝喝水、打電話、睡覺，此時扮家家酒的遊戲就能漸漸加入了。

(2) 三歲開始，孩子瞭解越來越多物品的用途，比如說想喝水的話要用什麼裝呢？他們可以開始跟比較陌生的人互動，雖然會有一點害羞，但社交的世界已能逐漸展開，可在大人的指引下輪流玩，等待玩遊戲不會搶東西了。

(3) 到了四歲，可使用口語或動作來表示謝謝或對不起，且能與兩三位孩子一起遊戲並且互動；四歲半之前開始知道一天當中大致要做哪些事情以及先後順序，並發展同理心，可理解別人的感受等。

大人可以在扮家家酒的遊戲中，安排食衣住行育樂的常規、與人交往互動的不同情節，化身為遊戲中的角色，身分就像是孩子的同儕一般，透過角色的口語來創造豐富有趣的對話，加強孩子的口語能力、詞彙量與數量、命名概念。

　　孩子在遊戲裡不會強烈地感覺是在上課或有壓力，甚至會透過遊戲裡的角色來表達內心感受與想法。這類型的遊戲可同時達到許多目的，如人際應對、想借想玩的東西要問過不可以直接動手拿、排隊等待、洗手才能吃東西或玩耍、幫忙他人等。

　　最後還是建議爸媽們，遇到問題時，多利用發展程度與各種遊戲來陪伴、引導孩子、讓他們養成各種好習慣，寓教於樂的效果比起直接教育常常能夠事半功倍喔。

黃老斯給爸媽
愛的教養小便籤：

1. 有時我們以為孩子"完全"聽得懂大人說的話，
其實未必喔～

2. 透過簡單的句子和動作來教導孩子，
讓他們 更容易 理解

3. 訂好規則就嚴格執行，往往破壞規則的是
爸媽自己

4. 有些孩子需要"多一點"時間才會養成習慣

5. 不希望孩子做的事情，大人也要避免
（動手打或開口罵）

6. 負向行為有時跟生理狀況有關，
需要列入考慮

23. 孩子作業寫太久，字也寫得歪七扭八，陪他寫到快沒耐心了

實際案例

　　有次在校園講座時，我提到近來有新聞報導「三十出頭的媽媽陪孩子寫作業氣到中風」，之後的提問時間立刻有位媽媽舉手反饋說自己可能也相去不遠，於是我靈機一動，對現場將近兩百位家長進行簡單的調查。約莫三分之二的人表示為了小孩寫作業一事而困擾，一到六年級的人數分布平均，似乎沒有因為年紀增長而輕鬆，不論有去安親班或自己帶，從陪寫到解題、預習加複習、考前還要猜題甚至完全重教好幾遍……爸媽們紛紛表示真的很辛苦。其中令他們最痛苦的莫過於孩子自己寫作業實在寫太久，雖然在旁邊盯著會稍微快一點，但依舊會耽誤就寢時間，也犧牲了親子相處的品質。

　　有個爸爸接著說：「曾試著跟老師反應，認為可能是作業量太多，但後來發現能快速準確完成的同學也大有人在，我也覺得應該要培養孩子挑戰及適應環境、解決困難的能力，可是試了很多方法還是不見起色，不論怎麼教怎麼講怎麼罵，我小二的女兒還是一下子不專心、一下子說手痠，不然就是寫得歪七扭八、鬼畫符，實在不知道該怎麼辦。下班後已經很累了，我和太太就算輪流分工都很崩潰，真的能體會那種瀕臨中風的感受！看到孩子難過我們也心疼。」

　　另外一位媽媽說：「我瞭解那位爸爸說的，我們家小四的兒子也差不多，我照著專家說要把讀書環境整理單純，白桌子上只有作業、鉛筆、白橡皮擦，面對白牆，全家安靜地不敢開電視和講話，孩子就是有辦法整個晚上

都坐在書桌前，東摸西摸到十一點還沒寫完作業，效率之低！我調整方法讓他每隔幾分鐘休息，結果他更加忙碌，喝水、洗臉、上廁所，回桌上之後又需要一段時間進入狀況，搞到最後還是要出動我陪在旁邊監視，才能提早一些時間，但睡眠的量依然不足，老師說他白天上課精神不濟，身形低於平均，我們真的非常煩惱！」

黃老斯分析

　　作業寫太久有很多原因，爸媽不妨先想一想再往下看，多練習推理，之後遇到孩子的問題更能抽絲剝繭。

（一）孩子本身的可能原因：

- 專注力不夠、計畫能力弱（不懂分配順序）。
- 課業學習狀況不好（認知能力或老師教法不適合）。
- 沒有時間概念（不知多少時間能做多少事、缺乏對時間流逝的感知）。
- 肌肉力量不足、手眼協調能力或身體部位穩定度不佳（★註）、視知覺問題。
- 體力差（想睡覺）、缺少運動、討厭讀書沒有興趣等。

（二）照顧者的可能原因：

- 要求超出孩子的能力（如時間、完成速度、作業品質）。
- 沒有教會孩子如何有效率的方法（只是一直下指令或幫忙）。

★ 註：欲深入了解肌力與協調，可參考黃老斯的《爸媽請放心》一書

（三）其他狀況：

- 作業真的太多或太難。

- 環境太多干擾（聲音、人事物）。

- 光線不足。

- 工具不好（文具或桌椅不合適）。

以上列舉的是可能且常見的原因，但還是會因人而異，幫助爸媽思考問題的來源，再根據推測一一嘗試尋找並解決。

本篇的兩個案例後來私下聊過發現正好都是屬於手部肌肉力量與穩定性不佳，造成孩子寫作業時心有餘而力不足，想要快也快不起來，通常會出現的情況有：

（一）寫字歪斜：大小不一、橫豎不夠直、字的顏色不一（力道一下太輕一下太重）。

（二）容易手痠：因為要把筆握住拿穩，需花費比一般人還要多的力氣，甚至寫到會有快抽筋的感覺。

（三）握筆姿勢不良：不夠輕鬆省力、筆的位置一直跑、握姿不斷改變、手腕太內彎等。

❶ 最省力舒服的姿勢是「動態三點握姿」，即用大拇指和食指握在筆尖上方2－2.5公分處，筆桿靠在中指的最後一節與虎口，手腕微微伸直（平面往上翹15度左右的感覺），前三指來動，後兩指穩定。

❷ 姿勢不良有可能是前三指或手腕的肌力不足、穩定度不佳、協調性不夠。

❸ 成熟的握筆姿勢：六歲左右會成熟，成熟表示是用手指運筆，而非手腕、手肘或整隻手臂。

A：**動態三點握姿**
如上述(1)。

B：**動態四點握姿**
用食指、中指移動筆，筆靠在無名指及虎口上。

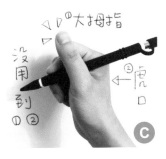

C：**側邊三點握姿**
沒使用大拇指移動筆，沒靠虎口。

D：**側邊四點握姿**
用食指、中指移動筆，筆靠在無名指上，沒靠虎口。

　　握筆姿勢在小學二年級會有固定習慣，要改正會比較困難，所以若發現孩子的握姿不成熟，為避免日後寫字費力想調整，最好在大班到小一這段期間練習。

黃老斯建議
爸媽這樣做

訓練手部肌肉和握筆的
四大方法

手部肌肉發展對於日後的各種工具使用、文書處理甚至動作能力、手眼協調都很重要，建議帶著孩子在生活中邊玩就邊訓練，像是美感創造的蠟筆及有趣富變化的黏土都是很好的教材。

方法一 ╱ 加強手部肌力 （記得大小肌肉要同時加強，不可偏廢）

❶ **大肌肉（使用肩膀、背肌、胸肌、手臂）**：拉單槓、雙手往上拍氣球（類似排球的托球）、過肩的丟接球、投籃、伏地挺身、趴姿雙手伸直撐住上半身（進階：腳放在椅子上，腳高頭低時把手撐起）。

❷ **小肌肉**：用指尖壓扁氣泡紙、烤肉夾夾積木或玩具、曬衣夾夾小彈珠（用指腹）。另外，「玩黏土」也是很好的選擇喔！挑選無毒、色彩豐富的黏土，除可以培養孩子的創造力，還可以提供觸覺刺激，並訓練手部肌肉，讓孩子從玩樂中輕鬆訓練多種能力。

方法二 ╱ 加強手腕穩定度

❶ **使用大肌肉的活動都可以幫助整體肌肉發展、帶動手腕穩定**：多在黑板、白板或直立的架子上放紙來寫字或畫畫（記得要懸腕），幫忙用抹布抬起手來擦窗戶、擦門或擦桌子也行。

❷ **更針對手腕加強穩定**：練習自
己扭乾毛巾、工具組玩具（用螺絲轉起
子、扳開釘子之類的）、往下拍球、打
羽毛球等，還有使用握力器、壓噴水器
的噴頭（拿著水瓶幫忙澆花）。

幫孩子加個圍
兜兜就不怕弄
髒衣服囉！

方法三 ／ 加強手指協調

❶ 用全部的手指沾顏料作畫

❷ 使用剪刀：會用到大拇指與食指中指
的力量與協調，練習剪不同的線條，不同的紙（越厚越需要出力）。

❸ 手指比數字、做出不同動作、四指分別與大拇指的指尖觸碰（越快越
好）。

❹ 有興趣的話可以學習需要按壓的樂器。

方法四 ／ 加強握筆

四到六歲是建立正確握筆姿勢的時間，大班之前若日常
生活中有從事多樣的活動，接觸不同的玩具與物品（因
為有些孩子都玩差不多的東西或做缺少變化的事），其
實不需要太過擔心或關注這件事，不一定要刻意讓孩子
拿筆畫圖寫字，可依據他們的意願或爸媽的規劃自己決
定，想從小開始練習也無妨：

❶ 1－2歲：欲練習抓握，可使用粗一點、大支一點的畫筆，或是蛋型蠟筆
（如圖），讓孩子練習抓握，在桌面體驗動作與色彩線條對應的驚喜感。

圓圓大大的蛋型蠟筆除了適合訓練小手抓握的手掌握姿，還能避免寶寶放入口中誤吞，安全性佳。

❷ 2－3歲：抓握能力更好後，可使用粗筆桿或三角筆桿的彩色筆或蠟筆塗鴉，仿畫簡單的線條與幾何圖形，三角筆桿可引導孩子的手指分化（擺放位置與動作），藉此慢慢進入書寫過程，但不強求要達到成熟握姿喔。

❸ 4－5歲：

(1) 建議使用蠟筆練習在範圍內著色，透過蠟筆畫過的路徑觀察運筆狀況：用手指還是手肘或肩膀來移動？是否能自己確認塗滿狀況？會不會漏掉某處？會不會塗超過界線？下筆力道輕重如何？

(2) 再觀察孩子握一般筆的狀況，看看是否需要加強肌力。

近年來，我聽到另一種觀念崛起：「現在及未來使用電腦鍵盤、手機輸入的頻率越來越高，幾乎不太需要寫字了，字體整齊好看與正確，真的那麼重要嗎？有必要花這麼多時間心力在書寫嗎？」

這點我也很認同，不過我的重點會放在「尋找作業寫太久這件事情背後的原因」，大家看一下上述列出的部分，例如專注力低、沒時間概念、肌肉力氣差、不會規劃進度……極有可能不只影響寫字，還有將來的「做事與生活」，因此我認為，能夠透過寫作業來發現孩子需要加強的能力，這不是很值得嗎？其他大大小小的狀況亦如此，不是一味地糾正或忽略，而是在兒童成長期間藉由問題來看見不足之處，更是爸媽要特別注意的。

黃老斯給爸媽
愛的教養小便籤：

1. 生理狀況要先考慮

(如：肌肉力量、手眼協調能力……)

2. 責怪前先尋找並瞭解孩子的難處

3. 沒有教不會的小孩，是"怎麼教"的問題

24. 原來不會「考試」可能是因為「視知覺」和「視動能力」出問題了啊！

實際案例

　　有位媽媽某次聽完我的講座後，認為我應該可以解決她這些年的疑惑，於是帶了小學四年級的兒子小毅來評估。

　　媽媽一進入治療室就焦急地說：「請老斯幫我們看一下到底是粗心還是智商問題，因為我從小這樣觀察與生活，覺得小毅還蠻聰明的，有可能是我自己的錯覺，但至少不會不聰明，有在平均以上的感覺呀！但不知道為什麼，學習的時候都會，問他也會，考試就是考得一蹋糊塗，不管哪一科，全部遠遠低於班上平均分數，老師也很納悶，明明怎麼問他都考不倒，筆試就是考不好，難道是閱讀障礙還或學習障礙嗎？」

　　我馬上回：「請問大概都是錯些什麼類型的題目呢？」

　　「科目和題型都沒有分別，我很仔細地問他到底為什麼會這樣，他就回答是不小心看錯的或寫錯，有檢查也沒檢查到，有夠詭異！我實在不知道該怎麼辦了，就在這時候好險去聽了老斯的講座，至少我知道這可以找專業人士評估，不然我真的擔心這個孩子的未來……」媽媽快哭出來地補充說道。

　　聽完之後我問了媽媽以下幾個問題，發現答案都是肯定的。

1. 閱讀的時候是否會跳行、跳字，或用自己的話解釋

2. 考試會塗錯答案卡、看錯題目、驗算過後還是錯誤

3. 抄寫功課或黑板是否時常漏字、跳行，寫字一行寫下來歪七扭八

4. 寫字時是否一個字在格子內的上下左右空間分配不佳、忽大忽小

5. 寫字筆畫是否有所增減

6. 寫字筆畫順序不按規定，隨性沒有章法

小毅的媽媽表示：「低年級時幫他訂正功課就很辛苦，怎麼糾正都難以一次到位，常常寫到哭或是凌晨，睡眠不足惡性循環，後來就乾脆放棄，反正他在知識的部分可以瞭解，我也覺得不要這樣拘泥小節，就決定放過彼此，寫字寫錯就算了，想不到題目還看錯、答案還寫錯，我看他是沒有準備放過我。」

於是我就再問了一個：「請問小毅的球類運動或動作協調，唱遊跳舞之類的活動表現如何呢？」

媽媽說：「不會吧？跟這個有關係嗎？他應該是遺傳到爸媽了，我們夫妻都肢體協調很差，我常常叫他眼睛要看，除了接不到球，甚至東西在他身旁都看不到，很誇張。」

聊到這邊，我再做幾個特定的評估，確定孩子並非不夠細心或智商問題而考不好，而是視知覺與手眼協調的狀況所致。

黃老斯分析

（一）視知覺

看到視覺的刺激或訊息後，是否能理解狀況，再適時適切地做出各種反應，在課業學習與生活中扮演重要的關鍵，可分為以下幾種面向：

❶ 視覺區辨：

(1) 區辨出兩個或以上相似的東西不同之處，基本的大小、顏色到更多細節。例如在收好的衣服中，找到自己的。

(2) 容易寫出錯別字，看不出正確的字和錯字的差別、把運算符號看錯。

❷ 視覺記憶：

(1) 記得所見事物中的視覺訊息。

(2) 難記得生字的形狀，寫一筆劃要看一次；抄寫時記不起整個句子，要反覆看，會消耗非常多的體力。

❸ 視覺順序記憶：

(1) 文字數字的排列、做事與記憶的順序感（做事並非故意要人一直提醒）。

(2) 難以記得英文單字中的字母順序排列、數字（電話、車牌、數學題）順序和運算順序容易搞錯。

❹ 視覺空間概念：

(1) 上下左右前後等相對空間關係，例如：鞋子左右穿反、衣褲正反前後穿錯。

(2) 容易寫字上下左右顛倒、找不到路、看不懂地圖方位（導航也看不懂）、幾何數學概念差（看不出立體或無法想像邊角）。

❺ 主體與背景：

(1) 注意到目標物後定為主體，其他變成背景。例如從文字或資料中找到自己要的資訊、從地圖中找到目的地。

(2) 容易因為需要一直找而跳字跳行、有看沒有到或全部都會看而混亂分不清。

❻ 形狀恆定：

(1) 固定形狀大小的物體不會因為看的角度不同而改變（旋轉、翻轉）；相同的物體的大小、方向傾斜轉動後，仍然可以認出。

(2) 字的字體（電腦各種字體、手寫字體）、粗細、大小、方位不同，就認不出來，造成閱讀速度慢或困難。

❼ 物體完形：

(1) 看見某物的一部分可推測整個東西的樣子。例如尺被書本壓住時，看到一部分仍能認出尺，不需整把尺完整出現才知道。

(2) 難以從片段的資訊推論整體，被擋住的部分就找不到或認不出。

（二）手眼協調（視動能力）

❶ 眼球動作不佳：影響視覺搜尋能力。

(1) 有「視而不見」的情形，明明東西就在身旁卻怎麼都找不到、看不見，「有看沒有到」。

(2) 抄寫時常找不到自己看到哪裡了或寫到哪裡。

(3) 無法控制地跳開所注視的位置，容易從看的題目或字上面跑掉、寫作業時間就會變長。

(4) 有的孩子為了避免反覆看就會唸出來幫助記憶，但考試時無法唸出聲，答題速度就變慢；此外，考試時間有限，需要閱讀的文字又多，孩子們的眼球肌肉太過於疲憊僵硬，就影響到後續的答題與成績。

❷ **視動能力**：抄寫仿寫、球類與肢體運動的表現不盡理想，常會漏接球或跳錯體操和舞步。

❸ **後天經驗不足**：有的爸媽認為是孩子天生如此，其實很多是後天經驗不足。有可能是靜態活動、使用手機平板、看電視的時間太多，玩丟接球、接觸戶外的頻率相對實在太少所致。

（三）關於筆畫順序

我都會請有筆順狀況的孩子寫字給我看，多半發現他們的筆順與我們一般熟知的不同，很像是用「畫」的把字畫出來，而且有的還畫得很漂亮唷！再看他們完成新教的生字作業時，並非按照老師教導的筆順，而是用自己的方法「仿畫」生字，起初畫一筆看一次，畫個幾次之後就衍生出新的習慣順序，問孩子們為什麼不按照老師教的那樣寫呢？答案都差不多是覺得麻煩、不方便，反正最後寫對就好了。

與孩子的爸媽聊聊，他們大多是比起正確筆畫順序更在意孩子的字體是否好看，幫孩子檢查作業除了看字有沒有寫錯之外，就是看有沒有寫得漂亮。寫錯或不好看的就擦掉重寫，寫好再回來接受檢查，沒有看著孩子寫的筆順；有的爸媽雖然看著寫卻沒注意筆順，跟孩子一樣認為有把字寫出來、寫好就可以了，殊不知「用畫的或筆順隨意」是讓他們考試寫錯字的主要原因之一呀！

改善視知覺／手眼協調／ 筆畫順序的**方法**

以下提供的做法可以作為預防、加強或是遇到問題的改善方式，不分年齡。

方法一 ／ **視知覺**

視知覺的部分瞭解孩子能力後就不會誤會他們，根據其弱項多練習即可。

❶ 例如容易記不得字母拼字順序，就從少的字開始記，慢慢增加；字體較難
辨認就多接觸、多看。針對他們易錯處提供自己的經驗，耐心等待孩子學
習。

❷ 使用坊間針對視知覺訓練的教材與書籍做加強練習。

方法二 ／ **手眼協調與眼球動作**

❶ 平常多看大範圍的東西，練習不同方向的轉動與移動（上下、左右、畫
圈）。

❷ 各種球類運動：

(1) 眼睛可以快速跟著球移動，尤其是速度快的桌球、羽球，可進階加強
眼睛與全身的協調與感覺統合。

(2) 玩簡單的丟接球遊戲：不同大小的球都要嘗試、速度可做忽快忽慢的
變化、隨機方向丟等。

❸ 多接觸多看大自然萬物、大幅減少讓眼睛的視野侷限在小範圍的電子產品或書籍，不然眼球肌肉容易僵硬或不夠靈活，一定要適度休息並加上眼球各方向的運動。

❹ 訓練眼球垂直／水平移動：

(1) 平時抄寫作業使用書架，把書直立起來放在前方，讓孩子的眼睛練習從垂直面到平面作業本的移動。

(2) 仿塗著色畫：兩張一樣的圖，範本的圖畫有顏色放在書架上，桌面放空白的，請孩子於相對位置著上同樣的顏色，訓練眼睛在不同平面反覆來回移動；建議可先使用蠟筆或彩色鉛筆，因為著色過程可能會出現小空隙且容易塗出界，藉此練習控制並檢查。

(3) 之後以上述兩點的方式，放在平面上的不同位置，練習眼球的水平移動。

❺ 透過簡單的遊戲像是用眼睛玩「連連看、走迷宮」、用眼數東西有幾個、找兩張圖的不同處（大家來找碴）等。

❻ 讀題時用筆跟著畫線看或小聲地唸出聲音都是可輔助使用的方式。

方法三 ／ **筆畫順序**

❶ 學習新字時需要連續不中斷

(1) 一開始很重要：中文字都個別獨立、不是拼字的關係，所以確實比起其他文字稍微難學，然而認得字卻寫錯或寫不出來，跟一開始是否按照筆順學習有關。約七到八畫的生字是剛好可以一次記得，但十畫以上就會比較難記，需要拆解後分開記憶，例如「謝」會拆成「言、身、寸」這三個字來記憶與組合，若孩子未按照正確筆畫學習這三個字，或許單寫一個字時還沒問題，但組合在一起就有可能出現狀況，

依此類推到其他更難的字。

(2) 不當橡皮擦爸媽：有的爸媽在看到孩子寫錯字的當下就會立刻要求他們擦掉那部分或整個擦掉重寫，這都會影響到學習新字的記憶，因為一直被打斷沒有連續書寫，孩子在腦中較難產生對這個字的整體印象，加上心情緊張怕錯，所以只能專注在把字寫對、寫好看卻沒記下如何確實寫這個字，於是變成認得而無法寫對。

❷ 先求筆畫正確後再練字體

先陪伴他們好好地練習並記憶筆畫順序，能正確地寫對後再來修正字體的整齊度，若孩子有此困擾又已是中高年級的爸媽，不妨回頭觀察他們筆順，寫單一個字的空間分配，若太開或太緊密也需要調整，過後再多多練習，相信應該會有所改善的。

過去是進入小學之後爸媽們才特別關心課業與學習狀況，近年來則是從幼兒園開始注重，其實許多表現不盡理想的孩子未必是資質不好、不專心、態度不夠認真或方法不對，而是身體有一些基礎能力不足，導致學習變得困難、事倍功半，此時不妨思考一下，有可能是「孩子心裡苦又不知道自己怎麼了」所致。

與其在上學後才發現因為身體能力沒有預備好造成表現不佳，不如在他們還沒有課業壓力又輕鬆的時期，以寓教於樂的方式加強未來所需能力。

爸媽們一定要時時提醒自己，好好地觀察寶貝們，找到原因後搭配合適的方式幫助他們，相信不僅會有所進步、更喜歡學習，親子關係也更良好！

黃老斯給爸媽

愛的教養小便籤：

1. 長時間使用3C會影響眼球動作

2. 視知覺可以透過訓練而進步

3. 反覆練習一定會有成果

4. 不要當橡皮擦爸媽，拼命擦掉孩子的錯誤，
要求重寫一遍、兩遍……

5. 過程比結果更重要

6. 重點不在加強考試能力，而是"做事能力"

25.

孩子總是在外哭鬧，我可以拿3C產品安撫他嗎？

有位媽媽來信寫道：

　　黃老斯好，因為我知道電子產品太早接觸對於孩子成長會有些負面影響，尤其是我們無法確保內容的狀況下。我遇到的問題是我四歲的兒子彬彬和快兩歲的女兒琪琪，在外分別都很容易吵鬧，一起出門更失控，不只是在餐廳，搭乘捷運、公車、高鐵、飛機等公共場合，兩人很難靜下來好好等待，輕則發出聲音、動來動去或不吃飯，嚴重一點會大聲哭、叫，影響到周遭的人，能帶開我就會帶開，有些地方根本沒辦法走，結果我先生就乾脆拿手機給他們。起初是看看照片或聽音樂，後來小孩胃口越來越大，從吵著要看網路影片到現在直接玩遊戲，不然一定完全不吃東西或跟你沒完沒了。雖然大多情況都有效讓他們安靜，但似乎變成唯一方法，而且需要的時間越來越長，約定的時間到了收起來後又是一番尖叫哭喊，我甚至覺得後來他們是為了要玩手機而不乖的。

　　我跟先生的觀念不一，他很怕吵和丟臉，我又沒有更好的解決方案，請問老斯到底該怎麼辦？我很擔心孩子的眼睛視力和情緒發展因此受到影響，那我真的會自責到不行……。

（一）耐心尋找孩子「鬧」的原因

　　這個案例確實是許多照顧者的心聲，而且孩子鬧起來真的容易讓大人的理智線斷裂或變得容易妥協、失去原則，因此平時當孩子「在家」鬧的時候就練習找原因，再一一嘗試看哪種方法有效，之後帶到外頭才有招數，不會驚惶失措。小孩鬧情緒的可能原因有：

❶ **生理需求**：餓了、累了、想睡了、想上廁所、坐站太久、走太多路腳痠。

❷ **適應性較差：**

(1) 環境因素，像是氣溫濕度的高低、人太多、充滿陌生人、室內或密閉的壓迫感、交通工具移動速度過快、空氣造成過敏等。

(2) 與感覺統合有關的狀況，讓他們感到敏感而不舒服：觸覺、前庭覺、重力不安全感、視、聽、嗅覺等。

　　這方面需要透過仔細地觀察才會知道是哪種因素使他們這樣。再來就避開或選擇環境，幫助他們慢慢適應。

❸ **透過此情境的鬧來要求東西或吸引大人的關注：**

(1) 以上兩個原因都沒有，然後平常都乖乖的，帶出去就有事，有可能是要吸引大人注意。

(2) 可能是陪伴不夠，想要更多關注或孩子欲藉此得到平時被限制的東西，例如買新玩具或吃零食、糖果、飲料以及電子產品。

(3) 一定要瞭解這樣的狀況，大人不能一直妥協，否則就容易變本加厲。

❹ 實在太無聊：

常發生在乘坐交通工具時，大人在一旁看手機或大人在講話聊天、購物太久，小孩沒事做就會做出反應。

（二）關於幼兒接觸3C產品

時代改變，獲取知識與工作的媒介日漸變化為使用電子產品，許多孩子小學前就開始使用3C來學習，但由於六歲前兒童的大腦、生理、心理各方面尚在成長，非常需要透過「與人互動」來促進情緒管理、專注力及語言社交溝通能力，這些都不是能用3C來習得的，因此爸媽特別要替孩子把關接觸的時間與內容，以免發展失衡造成遺憾。

黃老斯建議
爸媽這樣做

孩子「鬧」和接觸3C的
兩大建議

建議一／針對「鬧」的原因

❶ 處理生理問題：

(1) 做到預防及相關的因應方式，觀察生理狀況大概何時會累、餓、想上廁所或腳痠，調整外出行程或做好對策。

(2) 平時在家不一定立刻滿足生理需求，可適度訓練孩子的耐受度，以適應不可抗力時的狀況。

(3) 在家就慢慢訓練孩子有生理需求時練習表達或提出預告，而不是馬上爆炸。

❷ 適應性較差：

(1) 到新環境前先做預告：使用繪本、地圖、照片，讓孩子體會可能有的狀況。

(2) 平常就多到近處的陌生地區做訓練，多到戶外或不同場所。

(3) 找到安撫小物及方式，玩偶或小手帕（在家或平時多嘗試哪個有用）。

(4) 若時間允許可以帶離情境。

(5) 大一點的孩子如果還容易這樣，可以事先讓他們做點大動作的運動再帶去。

❸ 太無聊：

選擇適合該年齡又寓教於樂的玩具或教材給孩子使用。盡量避免使用手機平板！

(1) 包包裡準備至少三樣，以更換使用。

(2) 方便攜帶、可重複使用或玩、沒有固定玩法、不會有發出吵人聲光效果。

(3) 和孩子討論事先要帶的東西；可以他們選一樣，其它兩樣常備在包裡，不定期更換。

(4) 參考小物（看場合選擇）：繪本或故事書、可組合的積木、拼圖、貼紙簿（黏貼紙）、蠟筆鉛筆和塗鴉本、可重複畫的塗鴉板、黏土、簡單小桌遊。

(5) 記得還是要陪著孩子使用及互動，不是交給玩具或教材喔！

建議二 ╱ 關於幼兒接觸電子產品

❶ 所謂3C：

Computer（電腦及其周邊）、Communication（通訊，多半是手機）、Consumer electronics（消費電子類：娛樂、通訊、文書用途，如平板、音響、電視、DVD播放機）。

❷ 美國兒科醫學會建議「一歲半前」的孩子最好完全不要接觸電視、手機、平板；一歲半開始到三歲，真的要使用的話，則需要有大人陪同並在旁

口語說明，不能放給小孩自己使用。

❸ 三到六歲的孩子：因為腦部較為成熟，稍微可使用設計過的軟體學習，時間不可超過一小時。

❹ 小學後的孩子，作業功課可能會用到更多3C，則不以時間為限，而是要根據狀況制定使用規則。

→ 建議：爸媽首先要以身作則，不過度使用。雖然真的很難做到，但卻很必要。

→ 建議：至少訂下至少一個時間是全家都不碰，而是一起交流、運動、閱讀、遊戲都好。

∙∙

　　大人情緒不好都能找到原因，就算是無名火也一定事出有因，何況是單純可愛的孩子們呢！我在書中不斷地提到要「細心觀察」，這是最簡單卻最難實踐的，沒有什麼訣竅，以觀察當作第一步之後，往往問題就能接著處理。

　　其實平常在與孩子互動中多用點心思或多花點時間，不難發現他們的個性、習慣、地雷與生理狀況，有突發事件時更能靜下來思考，更快找到解決方法，拜託不要想都不想就塞手機給小孩喔。

黃老斯給爸媽
愛的教養小便籤：

1. 若孩子在外就是容易鬧，一定要做好事先預備（如：繪本、小玩具……）

2. 要想想孩子的吵鬧是否在吸引大人注意，拜託爸媽們不要孩子一吵鬧就給手機

3. 孩子在外「鬧」時，爸媽千萬別讓自己的情緒受影響

4. 有時孩子吵鬧是好事,可藉此觀察並更了解他們的需求

5. 若孩子適應新環境的能力較差,可事先預告讓他們有心理準備

6. 不要因為孩子容易吵鬧便減少帶孩子出門,可先從較不怕音量大聲的場所開始,如:家附近的小公園、一些為孩子設計的遊樂場所,etc.

26. 國小中高年級出現對立行為，是青春期來了嗎？

有次到小學和老師們分享特教知能研習，一位女老師說他五年級的班上有個名叫凱凱的男孩，他成績不佳且有行為問題，跟同學們對話或相處時很容易暴怒，分組的活動大家都不願意跟他一組，下課也沒人主動找他玩和講話。起初凱凱生氣時只是掀桌子、丟書或文具，現在開始轉成有攻擊行為，打自己或打同學，小五的他已經高頭大馬，所以每次只要他一發怒，老師就要找隔壁班的幾個男老師壓住他安撫，慢慢帶到保健中心緩緩，跟家長講這部分，他們也表示無可奈何。

老師表示看著凱凱這樣，比起傷腦筋更是心疼，很擔心他未來的人生，但又很無力，不知道該怎麼辦，所以想詢問我是否該把凱凱帶去醫院評估是否身心發展有狀況？

經過一番波折，有天校方終於成功說服家長和凱凱來跟我見面。經過和爸媽的談話才得知孩子嚴重沉迷於電玩與手機遊戲，家人的不和睦與衝突幾乎來自於此，爸媽對此非常頭痛。媽媽越講越激動地說：「在家若限制他玩電動，他就會到外頭想辦法，去網咖或找外面的人，把零用錢都花光，後來演變成說謊及偷竊，我已經不求他功課要表現多好了，只希望他能正正當當地生活啊！為什麼這麼基本的事情對我來說像是奢求？」

經評估後，我發現凱凱的個性善良天真，這一切的行為來自於多年來受挫積累的負面經驗與不被了解層層推疊起來的武裝、逃避。這才十一歲的孩子，因為無助於他的無助，沒有人要傾聽也不懂得如何述說自己，最後看起

來像是個對立行為的問題孩童。然而挫折的起源竟是人際關係，他不會處理跟同儕之間的互動，所以選擇保持距離，拒絕接受與付出，只想把自我放逐在虛擬的世界裡，老師同學誤會自己也就算了，家人不了解時的對待只是讓他更加灰心、更加反彈，於是變成現在我們看到的樣子。

黃老斯分析

以我到這麼多小學校園的經驗，凱凱這樣的例子並不罕見，最後多半發現離不開家庭、學校的老師與同學這三大方面，單純屬於孩子本身的狀況較少，可見環境因素影響一個孩子成長的程度不見得完全源自於哪一方，所以仔細檢視這幾個部分是很重要的。

這個案例後來發現孩子很幸運遇到好的老師與同學，是家庭的教育方式和親子溝通出了問題。由於爸媽忙於工作，沒有時間好好教導孩子待人處事與社交技巧，平時互動很少，放學後就送安親班，獨生子自己回家當鑰匙兒童，沒有人可以說話，每天見面就是簽聯絡簿和給生活費，不在意學業表現。

其實進入小學後的人際關係快速發展，孩子們會逐漸在意同儕的眼光，渴望別人的認同，有的孩子在人際關係裡遇到挫折時未必會告訴爸媽，可能就轉變成容易對他人有不適切的負面想法、偏見或否定自己；有的會刻意地想要迎合他人，做自己不願意的事情；有的則更加內向，甚至退縮、封閉或鬱鬱寡歡，學習狀況因此受到影響，案例中的凱凱爸媽疏於關懷、對話加上又是獨生子，才從疏離感演變成行為對立。

黃老斯建議
爸媽這樣做

改善孩子對立行為的
三大方法

面對孩子的對立或反抗行為，不論背後原因為何，爸媽請試著身體力行以下方法：

方法一 / 爸媽首先要情緒穩定，先別急著教育孩子

爸媽保持自己的身心狀態良好，在與孩子相處時才能較好地控制情緒、以身作則，這真的最難實踐卻也是最關鍵的一點，但相信孩子們一定會感受到的！

方法二 / 給予孩子充分的自信

讓他知道爸媽愛他、很重視他，並且願意傾聽及瞭解他，會成為他的後盾，給他更多安全感。

方法三 / 多以關心溫暖的口吻說話

常使用禮貌性的用語（溫柔地說請、謝謝、對不起），營造合宜人際互動的樣式，培養尊重彼此的態度。

··

　　有了上述的基礎條件，孩子漸漸地得到正向支持與預備，一定會更加穩定，先跟家人有良好的互動後再慢慢學習其他人際技巧，像是傾聽他人、合宜地表達自己。

每當開學的季節，不論孩子是幾年級，都有爸媽會擔心他們新學期在學校的各種狀況，課業聽不懂、跟不上，交不到朋友、被排擠或被霸凌，交到朋友還要看他們交友狀況、交到什麼樣的朋友……老實說，即使成年了，人際關係在每個年齡層都是令人在意的部分，何況是成長中的孩子，他們的個性、喜好與自我定位尚未成型，隨著認知能力的不同，必須不斷學習、揣測人與人之間應對進退的默契。

其實人際互動技巧建立在許多能力之上，像是情緒管理、溝通能力，一直以來都不難看見因無法控制情緒、人際關係處理不當所造成的遺憾，到底如何幫助孩子從小建立相關的能力，是身為老師和爸媽都要好好思考的部分。

黃老斯給爸媽
愛的教養小便籤:

1. 孩子有行為對立的問題時,爸媽一定要先冷靜沉著應對

2. 誰沒年輕過?想想以前的自己,試著同理青春期孩子的內心吧!

3. 對孩子不迎合,不否定

4. 先鞏固親子間的關係,再處理情緒和行為問題

5. 不斷取得孩子的信任與愛,才能化解孩子內心那座冰山

6. 爸媽不要和孩子硬碰硬,情理法,「情」擺首位!

27. 每個孩子都是獨一無二的，認識孩子的「天生氣質」，找出最適合他的教養方式

實際案例

　　有個媽媽帶著剛滿兩歲的女孩妍妍來問我：「黃老斯，我女兒有很多東西不吃或吃得比較少，在家或多或少還會嘗試不同的食物，像是燴飯內的香菇、大黃瓜等的配料她都還願意吃，但到了托嬰中心，只肯吃白飯或很簡單的蛋炒飯，不然就是白麵條那種純主食，其他配料一律不吃，讓我們外出時常為她的飲食煩惱。」

　　媽媽接著說：「除了飲食外，我猜想也許是遺傳到我們夫妻的個性，妍妍非常怕生慢熟，好幾個朋友跟老師說她屬於觀察型寶寶，比如說在陌生環境時，通常要黏在我身上最少半小時，才肯離開我去探索。之前在托嬰中心待了好幾個月都還無法接受跟同學們近距離接觸，只要同學一靠近她認為的安全範圍，她就開始受不了或出現激烈反應，過了一年多這方面才進步到會主動分享玩具。但是，對常見面的親戚朋友，一樣非常慢熟，別人對她笑著打招呼，她不是大眼瞪小眼就是貼在我們身上，或者是在某個角落不願出來。我的朋友不管是有心還是無意，總是說我女兒太害羞、怎麼適應性這麼差、記憶力不好嗎或沒禮貌、教不會，我很擔心孩子會把這些不太正面的話往心裡去。」

　　「黃老斯，我該怎麼知道孩子的表現是天生的，還是我哪裡沒做好、沒照顧好呢？」媽媽憂心忡忡地把上面的描述做了一個結論式的問句。

　　這個案例有需要值得探討的部分，但評估後發現妍妍受到「氣質」的影響較多，而氣質是認識孩子的其中一個面向，做判斷前我會首先納入考量，之後再做其他的確認。

　　每個人都有與生俱來的氣質（temperament），即為天生對於內外在環境的刺激而有的獨特反應方式，學者Alexander Thomas 和 Stella Chess將氣質分成九個面向來觀察：活動量、規律性、趨避性、適應性、反應強度、情緒本質、堅持度、注意力分散度與反應閾值（threshold），以下用表格來舉例：

氣質面向		幼兒時期		小學時期
活動量	高	好像靜不下來，放不完電、活潑	高	需要很多動態活動，總是精力充沛的樣子
	低	較為安靜、乖巧	低	喜歡靜態活動
規律性	高	作息、飲食和生活常規很好調整又規律，不太受環境變動而影響	高	可以在訂下的時間做當下該做的事情，可配合家人的整體作息
	低	睡覺與醒來時間難以預測，說睡就睡，說醒就醒	低	有突發事件就會影響到平日作息，週休二日或放假後影響週間作息
趨避性	趨	比較親人，不怎麼挑照顧者	趨	容易好奇並接受新的人事物，融入環境
	避	一定要特定的人照顧，看到陌生的人事物容易害羞	避	到新的環境或情境時比較退縮或是拒絕接觸

適應性	高	容易照顧，面對外界的變動可以調適自己	高	有突發事件或臨時變更調整行程、方式可欣然接受與配合
	低	發生未在預期中或不可預期的事情就難以接受	低	生活中有人事物產生變動的話就很難適應
反應強度	高	瓊瑤式的情緒表現，哭得激烈、氣得爆炸、笑得過分大聲誇張	高	較難控制情緒表現、難以安撫，有可能會過分哭鬧到傷害自己
	低	比較淡定，情緒變化不鮮明	低	不易表現與表達自己的情緒，可能會悶在心裡
情緒本質	正向	日常生活中常露出正向情緒，開心、微笑	正向	較多以正面的認知看待及理解人事物
	負向	較常出現負面情緒，哭泣、悲傷、緊張、尖叫、焦慮、不爽	負向	容易對事情或本身常會有負面的解讀。覺得他人不喜歡自己或自己不夠好
堅持度	高	有偶像包袱，想要贏、完美。想要的東西會很堅持要得到	高	遇到挫折與困難仍不放棄，會堅持到底。有自己的想法，較為固執、堅持
	低	沒有特別想做的事情，容易半途而廢或不認為事情非要做好做滿	低	遇到阻礙就想放棄，比較沒主見，容易被影響

注意力分散度	高	玩玩具玩一下就想換一個或不想玩了，容易被其他人事物影響	高	無法長時間集中學習，容易分心（寫功課要寫很久，拖拖拉拉、東摸西摸）
	低	不易受外界干擾而分心中斷，可以好好完成一個作品	低	不易轉移專注力，專心時較無法注意身旁的刺激（叫他沒聽到）
反應閾值	高	對環境刺激較不敏感，就算受傷也不太知道或不覺得痛	高	不易察覺他人情緒、對很多人事物比較無感、不夠警醒、不太會察言觀色
	低	對環境刺激敏感，甚至過度反應或放大感覺（容易覺得吵、亮、臭）	低	碰到一點就說痛、容易覺得速度太快或太急，不想要趕。過於敏感又反應大

看完表格後，我們回到案例中的妍妍，她是屬於活動量低、規律性低、避性較高、適應性較低、反應強度較高、情緒本質偏負向、堅持度高、注意力分散度高與反應閾值低。

氣質本身並無好壞，就是一個人的特質，正因為每個人的特質都不一樣，世界才能如此多采多姿，但過猶不及，太高或太低的極端都可能出現缺點，不論如何都需要確認後再對待。

若忽略這部分，就可能會因為不瞭解而錯誤對待或誤解而憑感覺歸類孩子是來報恩或討債，唯有知道他們本質的特性後，適性引導，透過後天的教養與環境的調整，才能幫助孩子變得更有「彈性」適應未來生活中的不同情境。

根據氣質面向表的
建議做法

氣質面向		相關建議
活動量	高	• 培養孩子運動習慣，學習不同的運動，多讓他們動 • 避免吃口味太重或刺激性食物（茶、巧克力、咖啡因、糖） • 睡前三十分鐘前不要讓身體或頭腦活動，像是運動或看書看影片 • 靜態時間一次不要持續太久，少量多次來完成任務
	低	• 鼓勵孩子多多活動，找出有興趣的運動 • 多到戶外出遊，循序漸進地提高活動量
規律性	高	• 若規律到不易改變，則可以適度地調整
	低	• 建立生活常規，定時做事、照表操課，養成規律的習慣
趨避性	趨	• 容易變得不會分辨危險，須教導孩子分辨是非善惡對錯 • 要練習好奇心在確認是安全的狀況下才可以展現，不然會對人沒有警戒 • 練習不要隨便對人說自己家裡的基本資料（地址、電話等）
	避	• 不責備孩子的害羞、害怕和擔心，體諒、接納並包容 • 事前預告很重要 • 以孩子接受的步調漸進式地增加適應性，不強迫或心急

適應性	高	要注意孩子是否變成「近朱者赤、近墨者黑」，適度為孩子把關接觸的媒體、環境與人際關係
	低	• 有變化前盡量預告，透過實際照片、圖像、繪本與角色扮演，幫助孩子瞭解並提前預想可能發生的事情 • 練習讓孩子不要自責，接受自己但可以適度改變
反應強度	高	• 因為孩子情緒容易變得失控，爸媽要注意不能因此妥協於孩子堅持的事情，避免他們會認為這樣爸媽才會聽 • 練習認識自己的情緒、學習表達並控制 • 讓孩子正當健康地宣洩情緒，但情緒爆炸不可成為手段
	低	• 在自然的情況下讓孩子練習表達自己的心情、想法和情緒 • 可以使用畫圖、寫日記、錄音或扮家家酒來練習表達 • 注意孩子的情緒起伏，是否有需要關心的地方
情緒本質	正向	• 雖然孩子多為正向情緒，仍需要付出關心及觀察行為 • 鼓勵孩子多表達自己的想法與心情
	負向	• 找到有興趣的事情做，培養自信心 • 練習感謝身旁的人事物 • 多運動，增加正向情緒
堅持度	高	• 有可能會變得苛求自己，要練習放低標準、接受不完美、適度地放過自己 • 告訴孩子原則，不適切的狀況是不能打破原則的（不能靠堅持或不斷耍賴讓大人屈服）
	低	• 拆解任務，分步驟慢慢讓孩子一步一步慢慢做，建立自信 • 練習解決問題與困難 • 多運動，培養挫折忍受度與運動家精神 • 引導孩子看見自己努力的過程和堅持的成果有多麼不同

注意力分散度	高	• 做重要的事情時環境刺激盡量單一、單純 • 一次只做一件事情，從少量的開始做，練習從短時間集中 • 指令不要太長，盡量簡潔 • 教導孩子分辨需要注意的訊息，不重要的刺激可以忽略
	低	• 練習分配體力與時間 • 學習注意必要的訊息
反應閾值	高	• 適度地注意環境刺激與各種人事物的訊息，避開危險與人際誤會
	低	• 帶著孩子認識自己，慢慢地增加環境刺激量、多接觸，讓閾值下降（減敏感的做法） • 讓孩子練習表達自己遇到事情的感受，討論如何調適

　　遇到衝突時，通常不是單純一方需要改變，有時是大人的態度、有時是孩子的生理、心理狀況，但身為主導者的大人常認為孩子就該好好地「被要求」、「被改變」才行，教導時並未多加考慮到孩子天生的氣質，然而有的孩子表面上會循規蹈矩，符合大人的心意度過生活，有些問題卻因此被埋起來，很難好好地被解決，甚至衍生出更多的狀況。

　　我們都太想趕緊把事情做好或做完，卻少了好好地覺察自己與孩子要調整的比例，大人也很需要時間整理，親子間只要給彼此足夠的時間等待對方，按照特質以愛來對待，相信有很多大家認為棘手或失控的狀況，都可以迎刃而解的。

1. 沒有為什麼，因為每個人都是這麼獨特

2. 因材施教，順著孩子的氣質來教，讓彼此都開心♡

3. 每個人都有自己的生存之道，孩子會找到自己的方向

28.

孩子為什麼那麼衝動、易失控？

已經來上治療課半年的大班女孩安安，有次我在她的遊戲中加入九片大拼圖，請她走到某個地方時要記得拿一片回來拼，若忘記拿則需要再走一趟或原地跳十下，由於之前的課程我的遊戲規則都比較簡單，也都確定是符合孩子的能力範圍，於是決定在這次加一點變化。

安安自信滿滿地說瞭解且記得規則，便開心地開始玩，但走六趟忘記四次，起初雖然有點不開心的樣子，但仍有乖乖地遵守忘記時該做的事，結果玩到一半，她突然把拼好的拼圖全部拆開往地上丟、亂踢弄倒遊戲的布置並大叫大哭說：「我不想再玩，我要玩別的！不然我就要下課！！」

我和一旁陪同的媽媽見到這景都看傻了眼，因為剛才的情緒也算是平穩，頂多在忘記或被提醒的當下有點懊悔的模樣，沒想到竟是在蓄積爆炸的能量……趁孩子躺在地上哭鬧時我問媽媽：「之前在家或學校有發生過類似的狀況嗎？上課至今我頭一次看到她這樣欸。」

媽媽一副沒回過神地說：「在學校的狀況我不清楚，至少老師沒有向我反映，但在家裡我是完全沒看過，所以我也嚇到了！」

九片的平面拼圖對一般各方面發展皆未遲緩的大班孩童包含這個女孩，並不是非常困難的挑戰，整個遊戲我是按照她的能力可及範圍來設計且只需要記得這一項規則，但安安不僅無法勝任，甚至中斷並逃避遊戲進行。

這個事件有很多值得討論的地方，最讓我好奇的是為什麼只在治療室中發生？後來我帶著安安一起冷靜後繼續把遊戲完成，請媽媽回去多觀察隔週再討論。

在一個月的時間中，我和媽媽、老師一起記錄安安在家、在校和治療室的所有表現，整理起來做檢討，經過很仔細地抽絲剝繭後發現，安安那次是因為忘記太多次而生氣。

問題源自於平時做大小事情只要忘記時大人都會隨時提醒、幫忙做或就這樣算了忽略，根本沒有「再走一趟或原地跳十下」的規則，此外孩子肌力與體能較差，多走一趟或多跳一回就感到疲累，在心情與體力都消耗的情況下就受不了了。

此外，更深一層探討得知以上的因素使得孩子的「控制衝動能力」比同齡孩子還差，原先就不夠好，生活中也沒有練習，所以不喜歡等待、不會思考，遇到事情容易直接有情緒或行為反應，不會停下來想一想「什麼動作會造成什麼後果」，因此經過放拼圖的地方才會一直忘記要拿，甚至有時根本沒察覺自己忘記拿，表示她在走遊戲路線時完全沒有想著在終點要拼拼圖，不瞭解遊戲的狀況。

黃老斯分析

臨床發現不論是大人或小孩，像這位大班女孩安安的例子不在少數，遇到事情或突發狀況時：

（一）沒耐心、不想等待：直覺性地跟著生理或心理需求走，未必會加以考慮周遭人事物與情境。

（二）直接表現出情緒：通常是負面情緒，不悅、憤怒、大哭、驚嚇、慌張。

（三）不會停下來思考或思考時間很短就行動或說話：經常會做了不該做的事（動手推人、打人、搶東西或傷害自己）；說了不該說或不合宜的話（說話不經大腦的樣子或沒禮貌、口出惡言）；事後回想會對自己的言行感到後悔（嚴重者甚至不會檢討自己，會認為都是別人的不對）。

（四）較不懂變通：就算停下來思考，也很難想到三種以上不同的處理方法；比較會固執堅持自己想到的方式，認為就「只有自己想的那樣」才對；即便給予建議也難以採納接受。

上述（一）到（四）的類似情形當然前提要把身心狀況列入考量，畢竟有壓力、身體疲累或不舒服、有事影響心情時等，都會讓判斷思考能力變差，不過這裡特指排除以上部分，一切都好的時候仍然如此，這就與衝動控制能力不佳有關，衝動控制（抑制力）能力，以及專注力、執行事情的功能、抽象思考力、情緒控管、決策、同理心都和大腦中的前額葉區域密切相關。

大腦的神經突觸連結、神經纖維的聯繫，必須透過各種經驗、刺激、練習中學習而成長得更完備，由於前額葉的發展與成熟相較於其他腦區晚，因此更加需要從小及早開始給予刺激，讓腦部可以更好地成熟，並且養成正確思考的習慣，才不會變成肉體雖然長大，但控制自己、心智決策能力還跟不上年紀，或是變得對自己沒有主見與想法；此外，若缺乏練習，形成固定的模式或個性，到時候就很難修正，想要改變也會很辛苦。

黃老斯建議
爸媽這樣做

讓孩子練習衝動控制的
三大方法

方法一 / 爸媽減少凡事提醒：

❶ 讓孩子自己想辦法，想想看要怎麼做，忘記了就自己想，頂多偶爾給最少提示。

❷ 必須要給予孩子時間練習，大人也要學習等待孩子。（很多大人連五分鐘都不願意等，卻抱怨孩子不肯等待，其實他們的行為模式或多或少是從大人身上習得的）

方法二 / 日常生活發生狀況時，練習在第一時間「停」下來：

若有情緒時先想辦法冷靜，要安撫孩子但不是遷就或表示大人輸了，而是要先讓他們從腦部的混亂中盡快歸於平靜，才能往下一步去練習思考或講道理。

方法三 / 停下來之後就是「想一想該怎麼做？」至少想出三個，並且推測如此做了會有什麼結果？再從中選擇要用何種方法最好？

❶ 千萬要避免直接告訴孩子答案、作法或強制他們聽話按照大人的心意！

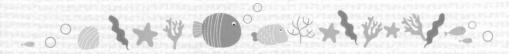

❷ 可使用繪本或回憶先前發生的事情來做練習，如此一來，常常練習，便能鍛鍊、刺激前額葉，促進控制衝動、決策思考的能力。

．．．

　　在治療時間裡，比起孩子乖乖地聽我的話，我反而期待能有各種問題，甚至有時我會設計不同的情境讓狀況出現（都是日常中會遇到的合理狀態並非刻意刁難孩子），觀察孩子的反應後以便加強他們的應變能力與彈性。為什麼呢？

　　若孩子在活動中不開心鬧脾氣、耍賴不想照規則玩或找藉口、好好講都講不聽、玩幾分鐘就想換、我說話時或玩遊戲時不專心、喜歡唱反調說不要或無聊等，出現種種甚至更多的問題時，一方面我可以藉此尋找並分析孩子為何如此表現的原因，一方面我可以引導孩子嘗試做出有別於自己的習慣的行為或更適切的表現與反應，測試他們的極限與可被要求的程度。這樣更能幫助爸媽瞭解自己孩子的行為背後有許多變因需要處理，不是一味地想辦法讓他們安靜聽話就好。

　　我常告訴爸媽們：「在什麼地方造就，就會在什麼地方發達。」孩子在運動方面得到的刺激較多，表現就會比較顯著，沒有機會練習或較少刺激之處，當然就不如預期。

　　身心的發展並非全面齊頭成長，除了生理自然成熟的部分，環境及大人如何怎麼教導仍佔很大的比例，尤其是在大腦蓬勃成長的黃金期，把握時機多樣化地嘗試，之後可能會結出更多令人驚喜的果實喔！

黃老斯

黃老斯給爸媽
愛的教養小便籤：

1. 三思而後行，"衝動控制"是非常需要培養的能力

2. 不論大人小孩都要更謹慎地思考、說話和行動

3. 越練習會越進步、穩定；越不管就會越退步、失控

－黃老斯想跟爸媽分享－
0－2歲的幼兒感覺統合發展

什麼是感覺統合？

　　相信許多爸媽可能對於「感覺統合」這個名詞並不陌生，但就是「聽過」卻無法很清楚地描述，知道好像蠻重要的，卻不瞭解實際的內容和如何實際操作。

　　感覺統合，我們常稱之為感統（sensory integration）（★註1），其實就是環境中的各種感覺輸入大腦，統合後做出合適的反應以應付不同的情境需求。所以，如果把各「感覺」加以「統合、統整」的能力越好的話，適應環境、面對不同情境的能力、抗壓受挫的能力、學習能力等也會越好。

　　我們熟知的「感覺」大概是：視覺、聽覺、嗅覺、味覺、觸覺等，另外還有兩個感覺，一個是「前庭覺」，另一個是「本體覺」。

　　感覺統合理論中的三大主要感覺系統是指觸覺、前庭覺、本體覺。

一、觸覺

　　觸覺是最基本的感覺，也是我們感知世界很重要的來源，若具有良好的觸覺區辯能力的話，便能較好地避開危險，當然也能較好地發展認知能力。

透過觸摸周遭的事物，去感受不同的大小、形狀、材質、溫度、軟硬、輕重等，在腦中建立起印象與連結，不斷地增加經驗，促進認知。此外，觸覺不僅能傳遞情感，好的觸覺經驗也能安定情緒、紓解身心壓力。

二、前庭覺

前庭覺影響的範圍很廣，包含視覺—動作的協調能力、肌肉張力、維持姿勢的能力、身體在空間中的位置概念等，與身體移動的速度、方向感知有關。

若前庭覺沒有好好健全發展，不僅會影響孩子的協調能力、體育表現，工具使用和書寫也可能會比較辛苦。

三、本體覺

又稱肌肉關節覺，顧名思義就是身體感受肌肉、關節或是骨頭所傳來的感覺，肌肉的收縮快慢與程度、關節的活動等都跟本體覺有關。若給予本體覺的輸入，是有助於我們的情緒穩定，因此當孩子已經不知道自己為何失控在暴走時會建議家長「『抱緊』處理」（大人也適用）。

因為本體覺與肌肉關節相關，所以會影響到身體的計畫能力、協調能力，像是做事的順序與效率等，如果覺得小孩做事拖拖拉拉沒效率或是玩玩具很容易力道控制不好而弄壞，都有可能與本體覺發展有關係。

感覺統合的發展與黃金期

其實生活當中所接觸到的所有人事物，全是感覺輸入，也需要好好統合，所以都與感覺統合有關。

一、胎兒約4個月大：聽神經元細胞開始發展。

二、胎兒5－6個月大：寶寶對外界就會有反應，產生胎動，漸漸地發展感覺統合能力。

三、生產時：自然產的過程新生兒會經過母親的產道，這是一個很重要的觸覺經驗及學習，因為身體、皮膚與大腦都會接受到這個強大的刺激，剖腹產生下的寶寶，少了這次的經驗後，會比一般自然產較容易有感覺統合方面的狀況。

四、出生後：感覺學習從0歲就開始，習慣、適應母體外世界接連不斷而來的各種感覺刺激。

五、寶寶4－6個月大：肌肉力量與骨骼逐漸成長，加上好奇心使然，在動作方面會更努力抵抗地心引力，讓自己的視野更寬廣，於是從翻身、抬頭，六個月時，頭部控制能力漸成熟，穩定視野。手部會抓握、碰觸物品，出現有目標的動作。

六、寶寶7－12個月大：坐起後接著爬行，主動探索環境，再從扶著東西站起，邁開人生的第一步，更加能夠按照心意去到處看看。身體的概念、空間感、發聲說話與自我餵食都在此時日趨進步。

七、孩子1－2歲：行動能力越來越好，看著大人來學習去控制環境的能力。發展物我關係、因果關係的階段，喜歡看自己主動做出的動作後的不同

結果，所以會有各種行為出現，像是使用身體的不同動作、爬上爬下、拿丟抓東西（喜歡操弄並看著東西墜落、滑行、破碎等物理現象），事情會想要自己來，不願按照大人的安排。此時需要注意環境的擺設讓孩子可以安全地行動與發展。

0－2歲的感覺統合刺激原則

一、讓孩子充分地探索環境

● 提供安全的環境取代限制

這點我個人認為很難完全做到，但卻是必須盡力去調整的，因為太多照顧者沒有隨著成長狀況把環境準備好。

並不是小孩愛「亂動、亂拿」、摸東摸西或故意碰危險的東西，而是大人把這些「不要碰、很危險」的物品放在他們可觸及的範圍裡，因而不斷地對孩子叫喊、限制他們的行為與行動，希望他們乖乖坐好、不要動、不要跑、不要爬、不要跳，甚至有人還認為小孩不受教、不聽話、很難教、太活潑好動或注意力不好……。

其實是由於大腦和身體的感統發展時會讓身體自然地想要尋求多樣的刺激，殊不知，過多限制是造成幼兒感統能力不佳的重要原因之一，也會影響身心發展，變得退縮沒自信。

◆ 黃老斯建議：

① 危險的東西就盡量收好吧，不要出現在小孩的眼前！像是：尖銳物、玻璃製品、插座孔、燙的、髒的、貴重的、容易拿來吃卻不能吃的東西等等，記得還是要教導孩子分辨及保護自己喔！

② 至少遊戲玩耍的範圍內盡量安全自由。

③ 避免過度保護：切忌一直抱著孩子，鮮少嘗試不同事物（跑跑走走、草地、玩水、沙地等）。

④ 若家中環境條件不允許，可以多帶到外面設計過的安全場所，讓他們能盡情地活動。

二、簡單和多樣化的活動

意思就是多做不同的事情，不要總是太單調或缺乏變化，但每個活動都很簡單。

❶ 按摩

(1) 這是我最推薦爸媽的活動，按摩身體好處多多，增進親子感情、觸覺及力量的輸入幫助神經與肌肉成長、安定情緒、舒緩生長的各種不適。

(2) 除了按摩之外，一般簡單的撫觸（摸摸、抱抱），時而搭配最常使用的抱著晃、搖、走，都非常好。

❷ 用身體玩遊戲

爸媽用手指在寶寶的身上走路、拳頭當馬蹄走、手掌變成大雨嘩啦啦地從他們的背上刷下來、變成輪子在床上滾來滾去、炒蘿蔔切切切這類的遊戲、手影遊戲等，

平時沒有時間進行的話，也可以在洗澡時和孩子一起玩。

❸ 接觸更多不同的事物增加觸覺經驗

(1) 各式各樣的操作型玩具，透過不同的手部動作（敲、搬、拉、按壓、轉、打開）、觸感讓他們在玩的時候能有更多的觸覺輸入。

(2) 走各種材質的平面：根據孩子狀況選擇，除了床鋪以外的沙灘、泥土、草地、操場、柏油路、高低起伏的路面、石頭健康步道、小水灘、不同彈性支撐力的墊子、各種布料與地毯等。

推薦使用的小物

想要提供孩子感覺統合的刺激，建議可以使用以下三個物品：

一、地墊

❶ 使用方式及好處：

(1) 在發展期間，建議爸媽和寶寶一起玩的活動可以多在地板進行，像是鋪上地墊或準備合適的地上環境，可增進親密感。

(2) 孩子隨時可變化不同姿勢與活動，坐、站、躺、爬、滾、翻、跳、轉都很方便，鍛鍊不同部位的肌肉力量及提供本體覺刺激，順便觀察他們的肌力與耐力。

(3) 一直到小學都很適合使用，親子在地板上的相處時間可提升陪伴的質
　　量。

❷ **選擇方式：**

　　安全無毒、厚度適中的墊子（建議3－4公分厚，做各種動作時比較安全
又安靜）。

二、健身大球（彈力球）

❶ **使用方式及好處：**

(1) 大人扶著孩子在球上做不同的動作，坐、躺、站、趴，小幅度的上下震
　　盪、左右擺動、趴姿向前（後仰向後）低速俯衝雙手撐地都是非常好的
　　前庭覺、本體覺刺激。

(2) 大人兒童都適用：年紀更大之後可以拍、推、滾、丟接球之外，也可在
　　球上做核心肌群的運動。

❷ **選擇方式：** 材質安全，直徑55公分或再小一點的尺寸皆可。

三、背巾

❶ **使用方式及好處：**

(1) **感統刺激：** 由於一歲半前的幼兒行動力各方面尚且不足，需要倚靠大人
　　帶動來給予不同的刺激，例如：

　　◆ 視覺：當孩子被揹著時，視野比自己能力所及更寬廣，而且大人移動

時的周遭景物及不同速度，可提供更多視覺刺激。

◆ **前庭覺**：同步大人動作的速度感與空間轉換，更有別於坐在推車內。

◆ **本體覺**：寶寶在大人的身體與背巾中的空間，感受並練習調整重心、空間感與動作協調，也能增加頸部肌肉力量與頭部控制能力。

◆ **嗅覺**：大人身上的氣味（增加親密感）、空氣的流動等。

◆ **觸覺**：揹著孩子時，大人可不時地撫觸他的頭、臉、四肢，給予刺激；貼著爸媽時，可得到更多安全感。

(2) 心理發展：並非外出或手要做事才需要使用背巾，而是有利於增加親子間親密的情感連結，讓孩子情緒更穩定、更有安全感。平時沒有太多時間與心力照顧的爸媽，更可趁著有機會相處時就用背巾。

(3) 生理發展：寶寶在背巾裡能呈現C型背和M型腿的坐姿。C型背的姿勢是適合一歲內的幼兒脊椎發育的形狀；M型腿（大腿被包覆支撐、像青蛙一樣打開、膝蓋高於屁股），此姿勢有助於髖關節的發育。

(4) 各種便利性：背巾是能一次滿足許多願望的工具。空出雙手做事、方便帶著小孩外出接觸新環境、方便餵母乳的媽媽隱密地隨時隨地邊走邊餵等。

❷ 選擇方式與注意事項：

(1) 大人使用時不會造成身體傷害與腰背負擔。

(2) 背巾材質要能承載至少三倍的寶寶重量，若體重未達背巾使用標準，就暫且先不使用。（★註2）

(3) 讓寶寶緊貼大人的胸口，隨時感受呼吸狀況、皮膚和嘴唇的顏色；保持低頭可以親到寶寶的距離，可一直看到他的狀況：注意是否有壓到、卡住或遮到口鼻，以防造成窒息或呼吸不順暢。

　　發展感覺統合能力的黃金期是在七歲之前，所以從零歲開始就很重要，三歲之後身體發展日漸成熟後，就能給予更多挑戰以提升感統力（★註3）。希望爸媽可以把握這段時間，因為感統能力越好，越能讓孩子大腦與身心發展更好，具備更多適應環境的能力之外，也能增進情緒控制、社交人際、動作協調、計劃能力以及許多人關心的專注力。

〜〜〜〜〜〜〜〜〜〜〜〜〜〜〜〜〜〜〜〜〜〜〜〜〜〜〜〜〜〜

★ 註1：感覺統合參考架構是由美國的職能治療師A. Jean Ayres （Ayres, 1972a, 1979, 1989）博士所發展的，以神經生理的角度來分析感覺統合。

★ 註2：參考美國消費者委員會2017年頒布的嬰兒背巾安全標準。

★ 註3：欲瞭解更多感統相關知識與說明以及3－7歲兒童的感統活動，可參考黃老斯的《爸媽請放心》一書。

★其他參考資料：

1. https://pediatrics.aappublications.org/content/102/2/e17

2. https://hipdysplasia.org/

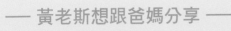

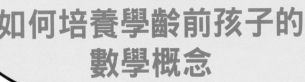

— 黃老斯想跟爸媽分享 —

如何培養學齡前孩子的數學概念

　　當「數學」是一門學科的時候，有的人很喜歡，有的人覺得困難又頭痛，恨不得世界上不要有數學，但其實在生活中我們很常使用數學的「概念」並解決許多問題：空間、時間、數字、數量與計算等。例如空間方位感不佳、對時間沒概念、對數字的敏感度低，肯定或多或少會受到影響，處理和理解速度過慢便可能會耗費許多時間，造成些許不便。

　　不少爸媽為了讓孩子從小就建立數學概念，一開始都直覺性地從「點數」（★註）開始，接著訓練孩子算數，建立數量概念，再慢慢做加減乘除的簡單練習，在平日就不停地演算「應用題」，到哪裡就問孩子「你數數看有幾個？」「我拿走兩個你還剩下幾個？」「我們三個人，每個人拿兩個的話還剩幾個？」諸如此類的問題，從數量問到長度、重量、時間等，再以不同單位的轉換……試圖使孩子的數學反應能快一點，甚至很早就報名學珠心算，預先讓孩子對數學更有感覺，如此用心良苦。

　　事實上，不只是數量這方面，孩子從很小就開始發展數學與數字的概念了，只要按部就班好好地在發展的時機中逐步培養孩子相關的能力、給予更多的刺激，未來面對數學不會懼怕之外，認知能力也會提升。

★ 註：「點數（ㄕㄨˇ）」或稱「數（ㄕㄨˇ）數（ㄕㄨˋ）」（counting）：指
　　　 著物品一個一個數出數字來計算數量，並瞭解數字與數量的關係，意即數
　　　 「1」時表示是「一個」，數「2」時表示是「兩個」，依此類推。。

空間概念是幾何的開端

孩子出生後有一段時間，若沒有大人協助就只能待在二維平面世界，直到肌肉與動作發展越來越好，脖子抬起來、翻身、坐起後，視野越來越廣，便想要更主動探索世界，於是爬行、站立，最後邁開步伐到處走動，正式進入三維空間的環境。

兩歲前開心地使用四肢走走跑跑，想要更多自主的行動而不是被牽著移動，孩子除了在發展身體知覺與肌力，空間概念也逐漸形成；三歲前是進步最快的時期，這時候孩子會很喜歡「冒險」，天天挑戰許多不同的活動，爬高再跳下、地上翻滾、玩開關門或躲在不同的地方，很多令人看了捏一把冷汗的動作逐漸出現，他們正在練習感受身體、頭在不同空間的位置，學習保護自己不要受傷，透過肢體遊戲或丟接球來感覺速度、距離遠近和方向。

大人為了安全或覺得困擾而常常會阻止孩子做那些「危險動作」，但這樣就會剝奪孩子發展概念的機會，應該還是要提供並創造安全的環境與豐富的教材給孩子盡情地嘗試，我知道對爸媽來說，要這麼做真的有點難度，但仍建議盡量做做看。

此外，爸媽還可以多多讓孩子練習從箱子、櫃子、抽屜拿放玩具，練習容器的打開與關上，體驗前後左右上下的方位，從內拿取、從外放入的方式；進而感受物品的特質，如大小長短粗細，看來只是生活的一部分，卻都是數學與幾何的基礎，從輕鬆的經驗中自然而然得到的這些概念是最好的方式。

生活與遊戲中學習數字

　　兩歲半開始知道「1」與「一個」的概念，到三歲的過程中日漸了解物品的用途（杯子可用來喝水）、背誦一到十的順序，能正確點數三個，之後的數字概念便會越來越好，最方便的就是透過日常的例行事項不經意地提及，孩子會更快速地打下基礎，然後再使用好玩的遊戲加入簡單的數學概念。

　　若在家中不知道做什麼的時候，就帶著孩子玩玩看，順便學習看時鐘怎麼動，體會時間的流逝與快慢的感覺，這樣上幼兒園後更容易在生活中強化這些「數的概念」。

◆5個陪孩子玩樂中學數學的遊戲

把數學變遊戲，能讓孩子自然情境中學習數學概念。以下提供幾個參考遊戲：

❶ **比大小多寡**：使用紙牌上不同數量的點點（或水果、動物等），讓孩子用眼睛看比較多寡，也可使用點數確認。

❷ **跳或走格子**：使用巧拼或在磁磚或地板上標記範圍，設定格子數量練習按照指令往前往後移動。

❸ **數字數量的配對**：「1」對應「一個」，「2」對應「兩個」，連連看或紙本的練習。

❹ **不同形狀的花片或積木拼接**：以邊對邊、面對面的拼接，讓孩子了解平面或立體形狀的對應。觀察「加幾個會如何？」「拿走幾個後會如何？」

❺ **分類遊戲**：從簡單的顏色、形狀、蔬菜與水果開始，之後練「幾個放一堆」的指令或是「相同腳數量的動物放一起」。

黃老斯在路上經常看到有爸媽會利用周遭事物來教孩子數的概念，真的很不錯，但也目睹了許多答錯當眾被責備而喪失美意的案例，因此想再次提醒：

記得一定要用「跟孩子『一起』在玩中學」的心態陪伴，不是純粹上對下的教導，不然很容易變成制式的教學與問答，有的孩子怕表現不好變得不想學習、思考或討厭數字。

學科的學習是為了幫助我們更了解世界、刺激大腦運作、培養思考與解決問題的能力，在學齡前的時光愉快地從起跑點出發，孩子步入知識的殿堂也會更加主動探索與享受。

── 黃老斯想跟爸媽分享 ──

進幼兒園前的準備

孩子進入幼兒園的時間點，每個家庭都有所不同，有的爸媽是以年齡決定，其實應該優先考量孩子的抵抗力、身心發展成熟度、照顧者可搭配的程度，各方面預備充分的話，孩子會更好地適應與發展學習之外，大人也更輕鬆放心。我遇到很多案例是入學前沒有特別預備，在學校的人際互動、生活作息問題頻出，家長必須常常到校處理，反而比在家自己帶還忙碌，或是在校表現良好乖巧，到家卻變得陰晴不定，甚至就此害怕去學校或拒絕學習，所以，比起直接上學再面對後續的突發事件，先前的準備就顯得額外地重要。

事前準備1：評估孩子的身心發展程度

❶ 適應性：

要進入幼兒園，除了要具備一定的抵抗力，不論年紀大小，希望對新的環境與陌生大人小孩的適應性不要太差。

若孩子比較內向、敏感緊張，則可能出現較久的分離焦慮，在學校容易情緒不穩、融入團體困難，不僅很難學到什麼東西，反而還會抗拒上學，最好還是多培養適應能力後再考慮入學。

◆ 建議：

❶ 多帶孩子接觸年齡相仿的幼兒：公園、親子館及其活動。

❷ 試上簡單的團體才藝課，如音樂、美術、律動等。

❷ 認知：

孩子要至少能表達自己的基本需求，像「要尿尿」、「要喝水」，並且能聽懂簡單的指令與規則，有一定的配合度，願意跟著大人的引導去探索環境和學習。

◆ 建議：

❶ 準備進入幼幼班的孩子，可先學著認識基本的顏色與形狀，當教室或教具使用時才不至於慌張。

❷ 3、4歲準備進入小班的孩子，要能分辨大小、長短、多少，懂得分類，也會數數，若數跟量能夠對照，將來以符號為主來學習的相關知識就更上手。

❸ 自我照顧：

以兩歲幼兒的發展為例，他們可以自己穿上較好穿的衣物，如鞋、襪子、褲子至少兩樣（不會扣釦子或鞋帶）；協助開水龍頭、拿香皂及毛巾後會自己洗手並擦乾；在不需幫忙的情況下自己拿杯子倒水喝、自己用湯匙吃飯吃得很好。

◆ 建議：

有些爸媽認為上學後再開始練習或加以提升食衣住行的技能，也有的人認為要送到學校讓老師教，其實若在家沒壓力地先嘗試他們做做看，到學校就能變得更純熟俐落，亦可趁機觀察孩子的能力。

事前準備2: 全家的作息都要調整

有些孩子上幼兒園後經常遲到早退或請假，全家人雞飛狗跳的狀況層出不窮，發現是因為大家的作息沒有先適應，孩子不習慣學校吃飯、休息、上課和玩的時間點與長短、不習慣為了上學必須要早點睡覺與起床，照顧者也不習慣變得混亂或諸多衝突。

由於現今許多雙薪模式的家庭，有的爸媽甚至要加班到晚上九點或更晚，小孩就寢時間也可能因而延後，此外，這年紀的孩子對父母尚有依賴性，其實大部分都想跟大人多點時間相處所以賴著不去睡（卻誤以為是小孩電沒放完），但隔天一早九點前得上學，被趕上床睡覺的過程鬧得大家都不愉快，長期睡眠不足或影響心情而睡眠品質不佳，對孩子的健康發展都不好，上學的精神也受影響。

◆ 建議：

決定要入學的前兩三個月（依照每個家庭成員的適應性）可以開始仿照幼兒園的時間表及模擬未來的作息，慢慢做調整，也要記得分配與孩子交流相處的時間，千萬不要為了上學而犧牲這個重要的部分。這段時間中若出現狀況隨時想辦法調整，之後便不會發生需要馬上適應的過度期，彼此都比較穩定愉快。

事前準備3: 人際互動與預告演練

　　若平時沒特別與同儕互動，進入幼兒園可能在展開人際互動會比較辛苦，需要較久的時間適應團體。適度表達自己、瞭解和接收基本言語和肢體的各種社會性訊息的意義，是交流很重要的部分，平時可透過相關的故事書學習、到公共場所或參加不同親子活動增加與人接處的機會。

　　透過預告與演練是增進適應能力的好方法，因為在腦中已經想像與經歷過，實際遇到就不會覺得是未知且懼怕。

◆ 建議：

❶ 透過繪本、假裝上學的扮家家酒，讓孩子了解學校的生活將是怎麼一回事，像是大家坐在一起吃飯、吃點心、睡午覺、玩遊戲和學習。

❷ 要學會自己去上廁所。

❸ 上課時間要乖乖坐著，老師說話時要專心聽才不會跟不上大家。

❹ 平常讓孩子期待去上學，告訴他們在幼兒園可以認識很多好朋友、大家會一起玩，還有唱歌、跳舞、畫圖、聽故事等有很多有趣的事情在等他；之後再安排帶孩子參觀未來的學校環境，甚至試讀，以增加實體感。

學齡前孩子主要的任務就是用「遊戲」來學習並促進身心和腦部發展，「開心地玩」是最核心且關鍵的！幼兒園可提供各種家裡沒有的刺激並給予許多練習機會的重要場所，預備好之後再上學的孩子，會學到更好的問題解決能力、人際互動技巧，更好的是藉此培養出喜歡學習的內心及興趣，增加對世界的好奇和熱情。

　　爸媽在心態上一定要調適好，並非送孩子上學填滿時間或到處與人比較，而是要在這黃金期內幫助孩子奠定生理和心理的健康，因為這將成為他們在未來的適應性、競爭力與發展潛能的穩固磐石。

—— 黃老斯想跟爸媽分享 ——

小學入學前的準備

　　這幾年越來越多爸媽會問我：「孩子進入小學前需要具備什麼能力？」然後接著詢問除了學簡單的認字寫字之外，是否要讓孩子學習外語、才藝課程或參加哪些活動？其實沒有標準答案，因為必須根據孩子的特質及興趣來做選擇，不過在幫孩子安排各種不同的行程之前，有兩點很重要：第一，一定要讓孩子動得夠、玩得夠；第二，要養成規律性及擁有符合年齡的生活自理能力。

　　進入小學後由於生活方式與學校作息都和以往不盡相同，加上又有不少作業及考試，若上述兩點缺乏或不足，孩子和爸媽的身心可能會倍感壓力，出現適應不良的狀況，導致親子關係逐漸緊張。接下來，我們一起探討若缺乏上述兩大重點可能會有哪些影響：

一、「動不夠、玩不夠」的影響

❶ 通常會讓孩子感覺統合的發展不夠全面，肌肉力量及動作協調較弱，使得各項反應較差，遇到事情沒辦法先預想計畫該怎麼做，常會顯得不知所措或要大人一個口令一個動作才行。

❷ 需要專注學習的時候經常感到力不從心或無法好好專心。

❸ 活動量若沒有滿足，孩子就會想要到處活動或靜不下來。

❹ 從小接受來自環境的感覺刺激不足，在感覺調節與處理的能力較弱，便容

易覺得不安、焦慮、沒耐心，可能會出現睡眠問題、自我刺激行為，如咬指甲、吸手指、抓身體等狀況，以上情形都是爸媽困擾的來源，孩子也可能隨之產生情緒與行為的問題。

二、未養成規律性及擁有自理能力的影響

❶ 作息要都能按照家中安排的時間，什麼時間做什麼事情，可以讓孩子對時間的概念更加深刻，也能從一次一次的練習中覺察時間的流逝與自己的動作速度該如何搭配以完成該做的事情，因為不少這樣的孩子進入小學後無法即時完成作業，拖拖拉拉弄到很晚才就寢，早上起床後精神不佳，影響了一整天的學習。

❷ 有許多家庭為了孩子的生活自理能力起衝突，上了小學後孩子從起床到出門，從放學回家到睡覺的所有日常動作（吃飯、盥洗、整理書包、穿脫衣鞋等），若仍要爸媽頻頻提醒且動作不夠迅速俐落或忘東忘西，大人小孩都在趕時間上班上學的狀況下就可能會讓彼此心情不愉快，有的爸媽為了省時間直接出手幫忙，孩子練習的機會又減少，所以隨著年齡增長，始終未能好好自理。

　　每年五六月，我就會收到一些幼兒園的邀請，到校替大班要升小學一年級的孩子們做簡單的篩檢，看看他們的生理、認知發展、社交能力和專注力是否具備小一年齡的平均水準，若有需要加強之處就在接下來的兩三個月加緊腳步訓練跟上。一般來說，大約會有10%的孩子要到醫療院所接受專業人士的協助，其他孩子則是透過學校老師和家長多加練習即可。

其實，根據發展里程碑，只要一開始分解步驟好好地教導後給予機會多多練習，學齡前的孩子在食衣住行各方面能做到的事情比我們預想的要多，而且在家事的部分也能成為爸媽的得力助手。有些爸媽認為孩子未必需要自己做所有的事，大人協助快又省時，孩子專心讀書學習就好，但事實上，放手讓他們做家事、強化生活自理能力，可有效地訓練計畫能力，不僅是動作協調順序，遇事的應變能力也會比較好，因為這些日常的種種都是感覺統合的刺激來源，例如：曬衣服、擦桌子、掃拖地可訓練肩膀近端肌肉，寫字就不易手痠喊累；移動家具、拿垃圾、收拾玩具與房間可加強肌肉關節感覺、增加手眼協調，從中建立做家事與自理是自己該做的事，絕非爸媽或其他人的責任，所以不是「幫忙」的立場，而是全家人要一起維護家庭並且必須按時做好分內的事，才不會慌張急促、亂了手腳耽誤時間。

不論是否進入小學，孩子成長的過程一定要讓他們有足夠的運動，及早養成規律性及生活自理能力，如此一來便打下了未來可以盡情探索世界的身心基礎，真的是一舉數得。

升小一孩子六大能力簡易評估

★ 註：幫大班要升小一的孩子做簡單的篩檢，並提供各面向中的能力給家長參考。

一、粗大動作

❶ 雙腳可同時跳過30公分高的繩子

❷ 可跳繩3下，慢慢地跳也算

❸ 跑跳步可以維持平衡

❹ 可以雙手接住直徑約10公分的球

二、精細動作

❶ 能剪下邊長5公分的正方形、正三角形，半徑3公分的圓形

❷ 手指可從筆的末端逐漸移到筆尖

❸ 可在長15公分，寬0.5公分的線條內著色，至少塗滿3/4且不超過線外兩次

❹ 可以把紙摺好放入信封

❺ 用直線連接兩點且不會偏離直線0.5公分

三、認知發展

❶ 正確背出1到100

❷ 可正確區分身體左右、上下、前後

❸ 會看指針的時鐘報時

❹ 可仿寫10個簡單的中文字及自己的名字

❺ 看到順序圖卡可以正確排序並說完整故事

❻ 會簡單的加減法

四、社會人際

❶ 可以把大人交代的簡單事情做好

❷ 會描述自己的情緒，至少正確使用兩種形容詞

❸ 可參與由別的兒童帶領的，有組織性之團體遊戲

❹ 可理解他人的感受

❺ 可分組和其他同學一起完成任務

五、生活自理

❶ 會用筷子。用湯匙舀湯等流質液體很少灑出

❷ 示範後會自己綁鞋帶

❸ 不用提示就自己完成所有盥洗（刷牙、漱口、洗臉、洗手、洗澡）

❹ 自己獨力穿脫衣褲鞋襪

❺ 會自己把屁股擦乾淨

六、專注力

小一學生的一般專注力（在課堂中坐好不離席、不和他人交談）
是30分鐘；高度專注力（認真學習聽講、做指定事情或作業）是
6－10分鐘；專注在自己喜歡的事情，大約15－20分鐘。

為什麼需要瞭解這些部分呢？

往往孩子們所遇到的狀況都是由於入學前的預備不足所致，若能在開學之前就先發現並加強，就不用等到問題出現才邊適應邊補足，也能減少許多辛苦和負面經驗。

一般認為七歲前是身心發展與感覺統合的黃金期，順便可以檢視孩子的成長狀況，而且這些能力也跟生活息息相關，像是粗大動作中的協調、肌肉力量與平衡就影響了體育表現；精細動作更不用說，舉凡抄寫黑板及作業、藝能科都很需要小肌肉力量、手眼搭配的能力；認知及語言方面和學業理

解、人際關係處理有關；自我照顧技巧與專注力也是老師及家長特別關注的部分。

此外，關於專注力的時間長短，若不了解孩子的發展，可能會高估他們而過度要求（比如說要求他們專心一小時不能走動或是作業完全寫完才能出房間或玩玩具等）。相較於過去，現在的孩子接觸電子產品較早，使用頻率又高，多多少少讓專注程度下降，並非建議家長順其自然，而是瞭解能力之後對他們做出合理的期待和訓練。

如果爸媽純粹認為孩子年紀到了，很多事情自然會水到渠成，或默認幼兒園老師應該會教，沒有多做什麼預備便直接進入小學的話，孩子就可能或多或少出現適應不良的狀況。因為小學的作息、課業難度、各種要求都和幼兒園相差很多，加上班上同學較多，老師可能無法有太多時間等待或一對一指導，往往只是幾個小能力沒跟上，就會影響到孩子的心情與自信。

上面幾個項目都屬於基本要求，意思就是若連這些都無法做到，表示真的相差太多，只要成長環境的刺激適度下正常發展的孩子，其能力都遠比檢測項目好。

重點還是希望爸媽能夠先知道他們的發展水平，才不會「過猶不及」地誤會孩子的能力，以為他們態度不好而達不到要求，或年紀太小還不需要自己來。

事實上，人的潛能擁有無限的可能性，爸媽只要多做點功課，幫助孩子做好更多預備，給予耐心地等待、教導和不斷地練習，他們就能按照特質開心地成長變化。

親子共讀的好處

　　親子共讀的概念越來越被爸媽們所重視，許多研究也發現共讀所帶來的益處眾多，像是：提升語言理解與口語表達能力、增進親子互動與關係、情緒穩定易自我控制、專注力更集中、促進思考力與想像力，更是讀寫能力的啟蒙，影響著未來的學習能力。

　　不少爸媽對於「共讀」這個詞感到壓力，擔心自己沒有時間、不知道如何開始與選擇、不會念故事怎麼辦。到底怎麼做才有效？非得要這麼做嗎？

　　請爸媽們放輕鬆，本文會做說明，首先做一個觀念澄清：

　　與其強調「共讀」，不如說重點在於「陪伴」與「刺激」，因為太多行為或情緒問題是源自於陪伴和刺激的質與量不足，不過，並非在同一個空間活動就稱做陪伴，而是參與孩子的生活、一起從事同樣或同質性的任務，如閱讀、運動、遊戲，只要是跟孩子「共同做點什麼」都很好，共學、共玩亦如此；刺激則包含語言、想法、各種感官和感覺輸入。

　　然而繪本或童書只是兼具陪伴與刺激的其中一種媒介，由於已有基本內容可供發揮，大人不需自己憑空想對話的題材，方便使用、唾手可得且富有變化性，又可開展幼兒的讀寫萌發歷程，才會建議爸媽作為運用的參考。

有什麼情況會需要繪本？

除了上述提到的共讀好處，孩子成長過程中也有許多面向可運用繪本故事來做溝通並且培養問題解決能力（該怎麼辦），例如：

❶ 生活規矩與習慣：

規律作息、要刷牙漱口、如廁訓練、戒尿布、飲食問題（挑食、愛吃零食會如何）

❷ 人際互動技巧：

禮貌、社交互動應對

❸ 情緒：

情緒是什麼？有哪些？分別是什麼感覺？如何辨識自己和他人的情緒？該怎麼處理？

像是愛生氣怎麼辦？弟弟妹妹出生了，忌妒是什麼感覺？很愛哭的話別人會有什麼感覺，自己該怎麼辦？

❹ 預告、預備準備：

到新的環境（搬家、上幼兒園、上小學、分班）、恐懼的事情（打預防針、吃藥）、如何保護自己（霸凌、被侵犯、緊急或突發事件）

❺ 較難解釋的知識：

從何而來，怎麼出生？死亡議題（親人或寵物離開）、性教育

何時可以開始共讀？

❶ 0歲就可以開始，先從看看簡單的圖片，跟寶寶介紹、講講圖中有些什麼，根據每個孩子的發展進度給予布書翻、玩、咬、撕、扯都可以，接近一歲時給予厚紙頁面的書，練習翻閱、雙手拿著，爸媽可引導他們看書本上下左右的順序，過程中最重要的不是「教導」圖片或書本的資訊，而是讓孩子享受跟爸媽一起做點什麼的時光，爸媽會耐心地對自己說話、聽自己發出聲音，讓這樣愉快喜悅的經驗連結到閱讀，自然地建立初步的閱讀習慣並逐漸喜歡這件事情。

❷ 1歲到5歲是共讀的黃金期，奠定未來學習的基礎又促進認知發展，千萬要好好地把握。

❸ 若已錯過6歲前的時間，不表示學齡期的孩子不需要爸媽的陪伴與刺激，共讀仍舊是重要的事，可先從各自挑選有興趣的書，訂下一起閱讀的時間，重新養成習慣並陪伴；再來是爸媽和孩子讀同一本書後進行小型的讀書討論會，讓孩子練習表達、整理重點及多元思辨。

陪孩子閱讀繪本的小撇步

❶ 透過不同的聲音（可以模仿動物叫聲、風吹草動或海浪等自然與天氣現象）、不同表情、手勢。讓孩子更有實體感甚至身歷其境，增加孩子的興趣與想像力，促進日後的表達能力。

❷ 大人分飾多角，邊說邊演或和孩子各自扮演故事中的角色，自編台詞來對話，也可演練現實可能發生的狀況。

❸ 不看文字，只看圖說故事，練習語言表達和邏輯性

❹ 若孩子熱愛同一個故事並且百聽不膩、聽過N次還指定要聽：可以跟孩子玩故事接龍，一人一段，過程要跟之前不一樣，但結果要一樣；擴展故事線或如何簡單地做出條列式重點，讓孩子練習整理並刺激認知能力。

　　真的無法唱作俱佳、完全不會演、沒有力氣或甚至懶得這麼做的爸媽們，不要心累，沒有關係喔！直接照著書唸出每一個字都比交給機器來朗讀還要好，就唸下去吧！

關於繪本內容的選擇

不論和孩子一起做什麼，「快樂」是最大宗旨與目標，若演變成不開心的結局，反而會讓孩子討厭那件事或做什麼都不喜歡跟爸媽一起，所以閱讀或朗讀故事都必須要是愉快的氛圍，接著就要注意內容了。

一、內容選擇上要評估是否適合孩子

很多爸媽在給孩子讀物時未必會事先挑選，像是到書店或圖書館等有各樣童書陳列之處，讓孩子自己選擇後閱讀或由大人唸給他們聽，常會發生唸到一半才驚覺內容似乎不太適合孩子，所以就見機行事地跳過那段、隨機改編或另外解釋等，有些內容甚至難以說明，或超出孩子當下年齡所能理解的範圍。

並非要禁止他們接觸某種故事，而是想提醒爸媽們，一定要根據他們的認知發展能力與需求來循序漸進地教導，否則有可能會失去閱讀的本意及美好。在大人看來很有意義、理所當然或無傷大雅的情節，對於不確定其理解能力的兒童來說，常會有我們意想不到的反應和或大或小的影響，例如：

❶ **生命教育類：**

有的孩子聽了之後未能瞭解生死有命與如何看待的概念，反而過度悲傷或焦慮擔心失去身旁所愛的人事物。

❷ **以動物來擬人：**

孩子較難理解為何在自然生態中屬於掠食等食物鏈關係的動物之間竟會像人類一般的互動，最後還把對方吃掉，由於這部分在人或動物的世界通常不會交叉同時發生，難免會錯亂或有所誤解，害怕自己被其他人吃了。

❸ 神話或虛擬類：

　　因為內容較為誇大或帶有魔法、飛天遁地或神奇力量的描述，有的孩子看了可能會現實感模糊或沉浸在想像中。

❹ 含有暴力或殺戮：

　　首先孩子要瞭解並學習接受世界上會有不善良的人，與自己不同立場的人，而有些人會想要對自己不利；此外，情節可能有：用刀把壞人殺了、燒開水煮了歹徒、拿有毒的東西給別人吃或是包含綁架威脅、驅逐攻打、囚禁復仇等，不論是童話或歷史故事都可能出現，若無法分辨狀況的孩子，會認為有正當理由或為自身利益時就能對他人做出危險的傷害行為。

　　一般來說三歲左右可以理解簡單的、基本的是非概念，確定有這樣的基礎後再接觸不同內容或進行討論，在那之前建議爸媽在內容方面的把關盡量多費心。

二、選擇能引起孩子興趣的內容

　　經過上述內容的篩選後，若想進一步引起孩子的興趣，內容建議：

❶ 日常經驗中發生過的類似情節：孩子覺得親切、容易認同、有同感及同理心。

❷ 容易預測的下一步或結果的故事：孩子會因為猜中而感到莫大的成就感，甚至每次聽同一個故事時，仍舊做同樣的預測或最期待該情節的出現（直接翻到那頁或不斷預告）。

❸ 唸故事所使用的語言要記得隨孩子年紀而調整改變：即使是同一本書，不同年紀會有不同需要關心的焦點，讓孩子驚喜於故事的層次與思考的趣味。

如何透過繪本培養問題解決能力

不論孩子接觸任何故事，我都建議爸媽與其直接傳遞其中的寓意或某種觀念，不如確實地和孩子一同探討整個內容的歷程，因為這可以訓練他們獨立思考與判斷的能力，進而未來能從不同的故事與環境裡所遇到的人事物中，自己提煉出值得學習之處並吸取經驗。例如：

❶ 練習找出不合理、怪怪的地方。

❷ 瞭解故事和現實生活未必是全然完美，並討論這些問題，如：「從此過著幸福快樂的生活」有可能達成嗎？真的不會出現嗎？我們可以做出什麼努力呢？遇到我們不喜歡的人事物或不喜歡自己的人事物，該怎麼面對與處理呢？

❸ 學習選擇、判斷並評論讀物，如何從書中取得值得學習與警惕之處？

❹ 不論哪一篇故事都建議要討論到的問題就是：「如果是你，你會怎麼做？有哪些做法？這麼做了會怎麼樣？哪一個決定最好？」

若爸媽從孩子小的時候開始在閱讀的歷程自然地引導，培養他們主動反思的習慣，當面臨人生的關卡時，就不會只是直覺式地反應，而是能多樣化地腦力激盪，找到當下最適宜的解決方案。

比起想從閱讀為孩子建立或給予某些觀念，不如透過故事的情境刺激想法，陪著他們養成獨立思考與判斷各種情況的能力，不但增加親子互動，也讓思想更多元、更彈性。

── 黃老斯想跟爸媽分享 ──
如何在成長路上
有品質地陪伴

子曰：「吾十有五而志於學，三十而立，四十而不惑……」不論你我是否如此，但隨著年齡增長，似乎在人生不同的階段都有個里程碑象徵著成長的意義，求學階段結束後，我們有沒有一天新似一天，一年不同於一年呢？以醫療來在評估孩子的身心發展狀況時常會對照發展量表，從耳熟能詳的七坐八爬開始，學齡前的小朋友每隔幾週、幾個月在動作、語言、認知、食衣住行等各種領域就要跟上、學會一種嶄新的「技能」。

大人們不妨試想：若我們也同樣需要連續地在幾個月內身心狀況大幅突破過往的自己，感受將會如何呢？其實，對於一個甫呱呱墜地沒多久的小小腦袋與身軀，「成長」真的是每天都充滿喜悅、驚喜卻又伴隨著不少的壓力！

年紀漸大，從幼兒園到小學、國中一直上去，要學習的知識、要面對的人事物越來越多，有時不得不踏入與他人競爭、比較的情況，相信若總是能擁有爸媽的愛、陪伴與體諒，在他們成長的這條路上一定能更加順暢。

陪孩子經歷每一個「第一次」

　　第一次進入幼兒園、第一次進入小學、第一次分班、畢業換學校的感覺……我們還記得多少呢？

　　第一次會自己上廁所與盥洗、第一次會自己綁鞋帶、第一次換牙、第一次自己一個人走路或搭車回家的感覺……我們還記得多少呢？

　　不是每次都有人能陪伴，有的時候我們必須要自己獨力面對，就在這一次一次的翻越過後回頭看，才察覺自己正在成長、已經成長，由於我們不斷地往前邁進，有時會忘了當初自己是怎麼走過來的，每個人的狀況也不盡相同，所以看到孩子在經歷不同階段的表現時，有些爸媽會難以理解、體會或是習慣性地用這些年來自己養成的「大人的方式」來引導，如此便有可能在親子間逐漸產生距離。

慢下來用「心」陪伴孩子成長的點滴時光

　　爸媽們常在意孩子還不會的事物、沒有聽從指令去做的大小事情，所以忙著教導、忙著糾正，想辦法讓他們學會與服從，專注在「問題」上的時間比尋找原因還多，於是不斷地找資料或詢問有相關經驗的照顧者或專家該如何解決的方法。這樣沒有對錯，但我由衷建議爸媽再多花點心思觀察與關注您的寶貝、再多留意自己的言行身教對孩子的影響、再多覺察一點自己的想法與觀念，有時候會比請教他人或尋求資訊更加有效且深刻。

別忘了給孩子適應環境的時間

　　成長的路上，時時刻刻需要適應與學習，每個人適應環境的速度與能力本來不一樣，理想狀態是不論到何處都能隨遇而安，若沒有許多經驗的累積及足夠的環境刺激量，想要快速適應新事物就會比較辛苦。經驗值不多的孩子，在接觸全新的環境、全新的人事物時，肯定會有各種膽怯、擔心與害怕而狀況百出，每個孩子表現的樣子不同，身為爸媽或師長能觀察到多少，能瞭解多少？

爸媽的「支持」永遠要多於「要求」

　　如果孩子某方面的能力有所不足，就會不擅長相關方面的事情，大人可能在不知情的狀況下，要求他們做不擅長的事情，比如說手眼協調能力較差的孩子在球類運動或唱遊、體操等活動就容易表現不佳，自己也會覺得丟臉而傾向逃避或拒絕，耐著性子不斷鼓勵或甚至勉強他們去嘗試，未必會得到正向的經驗。每個人在成長的階段中身心能力發展進度不同，孩子的所有表現都可視為合理的，重點是要幫忙加強他們不足的地方。

在孩子成長路上這樣陪伴

一、陪伴重「質」不重「量」

❶ 這是良好親子關係中的關鍵，許多大人的工作與生活繁忙，對於自己難以抽出時間陪伴感到抱歉與內疚，但其實「時間長短」不是最重要的，要「有效」才行，因為有的爸媽每天與孩子相處很久，方法錯了未必能讓感情變好。

❷ 不推薦總是坐一起看電視、電影或滑手機平板。

❸ 每天短則五分鐘，多一點不超過半小時，和孩子一起閱讀、運動、玩場遊戲（桌遊、體能、小競賽）、傾聽聊天，讓孩子說說內心話（避免變成質問調查的口氣）。

二、偶爾來一段「親子的無意義時光」

　　不管多少時間，如同在談戀愛時、跟寵物玩時，在這段幾分鐘裡，確實執行以下三點：

❶ 沒有任何管教、不命令做任何事情、不要求達到什麼標準、不講重要的事情、不聊正經事。

❷ 只有肢體的接觸，抱抱、親親、撫觸、摸摸頭髮，靠在彼此身上，或坐或躺都可以。

❸ 聽一點音樂不講話、不出聲，或是只講沒有意義的話和反覆告白：例如「你愛媽媽嗎？」「爸爸很愛你喔！」「你有多愛我？」「你今天有想我嗎？」「有多想？」「你真的很可愛！」「你很寶貴喔！」（這部分應該不需要黃老斯來教吧？哈哈）

三、孩子的成長只有一次，愛要即時又及時

　　手作的溫度是電子螢幕永遠無法傳遞的，透過各種手作小物可以讓親子互動更緊密與靠近。不需要曠日廢時打圍巾或什麼厲害的東西，只要簡單小紙條、小封的信或卡片、圖畫，行有餘力再做其他的。

　　善用科技產品，像是把合照或自拍的照片列印出來，在旁邊寫幾句打氣加油的貼心話、告白等，不好意思當面說出來的那些話加上圖像，更加暖心。

❶ 貼在孩子的鉛筆盒或書包裡、送便當時貼在飯盒上。

❷ 帶著孩子也這樣做，對其他家人表達心中的愛，貼在冰箱或梳妝台上、電腦前、出門必開的鞋櫃或門上、幫先生太太探班送咖啡，貼在上面變成特製杯……。

　　小小的改變與動作，不需要花費太多心力，卻能把感情經營地更好。

　　成長的狀況題沒有標準答案，只有最適合的答案，在孩子長大的過程裡，每一次出現問題就是一次機會，爸媽若能少一點指責與勉強，更多體諒、設身處地、給予支持和愛的能量，仔細地觀察與耐心地等待，想必他們除了能突破每個過渡期而日漸茁壯、越發不畏風雨困難，也能養成良好的品格並且親子關係更好。

── 黃老斯想跟爸媽分享 ──

關於教養與教育，我想說……

在寶貝初來乍到這世界時，想必爸媽應該不止一次看著他稚嫩的臉龐，心中迴盪著：「孩子，我想好好地守護你，陪伴你成長，希望你能健康平安快樂地長大，想讓你得到最好的，想為了你變成更好、更堅強的人……」常聽到為父為母之後，即使軟弱也轉為剛強，有的人為了孩子的教育進修新的專業或成為老師、為了他的飲食而考取廚師、為了做他的榜樣而改變、造就自己，拿著這樣的經驗來分享教導等，由於爸媽的舉手投足對孩子的影響重大而深遠，是很神聖的身分，為此真的務必做好預備。

一、清楚的想法及正確的目的

父母的想法非常重要，養育小孩時一定要帶有正確的「目的」，訂下方向後按部就班邁進，便可檢視踏出的每一步是否有所偏離，而不會流於隨性、情緒化或過於盲從。

若把孩子比喻為某種土來說；要用這個土來做一個陶瓷杯，必須先構思大小形狀，才能選擇所需的器材，然後根據那種土的特性，拿捏好加水的比例、設定及控制燒成的溫度，想做出品質好、耐用又美觀的杯子，過程中每個步驟都不可馬虎，也不能隨著自己喜歡什麼東西就任意加到土坯裡，要考慮是否相合和分量多寡，以免影響燒製，因為燒出來之後就成形無法修改，只能如此使用下去。

所以，我們當先瞭解這種土的特質、適合做成何種器皿、研究如何做會讓此作品最發光，接著想辦法準備各樣的資源，如果不了解孩子是哪一種土，便不會知道它適合做成什麼，更不會懂得後續該如何加添的水分與火侯，按照自我主觀，缺什麼、想做什麼就做什麼，或是且走且看甚至放著不管，別說能變成傑出的作品，恐怕連成為某種東西的機會也沒有，以土來收場。

想法模糊和不瞭解的結果則可能造成遺憾，才會希望爸媽能提早琢磨、做功課並預備、把握黃金期，或是早點領略，趕緊彌補過去的不足，正確地引導孩子適性發展。

二、言教身教舉足輕重

在教育方面爸媽們最常做的不外乎替小孩找幼兒園、選學區學校、研究各種安親班才藝班、挑老師等，從過去的孟母三遷不難發現「環境」的重要性，指望他交到好朋友、遇到好老師、得到豐沛的資源，為的是什麼呢？應該是孩子能變為更好的人吧？外部的環境因素固然有影響力，但家庭教育更關鍵，其中包含爸媽的觀念以及具有潛移默化效果的身教言教。

在大腦中有一些神經細胞稱之為「鏡像神經元」（mirror neuron），主要功能簡單來說就是讓你我擁有「人飢己飢，人溺己溺」的共鳴、可以將心比心的反應。當看到他人做某件事情時，我們的大腦活化的區域會跟當事人的大腦相同，彷彿自己也經歷一樣的事情（看到別人打球運動或跳舞時，身體也想動一動），由於有鏡像神經元，能感同身受，產生動機，並且透過觀察後跟著學習、模仿。說到這裡，比較容易理解周遭環境和家庭教養的重要性吧？

「近朱者赤，近墨者黑」不是沒有道理，幼兒從小看到、聽到、所接觸的點點滴滴都在決定他將會成為什麼樣的大人；父母是否言行合一、以身作則的種種，身邊的人事物所給予的刺激，這一切在孩子的腦和身心尚未成熟前，皆有可能左右其「個性、喜好、想法與夢想」，常常浸淫其中，進而以為那是自己所愛、想追求的，是合乎理致的。

因此由衷地建議爸媽能多給小孩好的刺激，替他選擇環境之餘也請多靜下心思量，在成長的黃金時光裡，他確實需要那些「娛樂」嗎？不得已要碰的話，一定得把關。傳播媒體的內容（聲光娛樂、流行文化）、電動玩具跟卡通均可能含有暴力、血腥、色情（用武器槍枝或招數攻打敵人的軍隊戰士、競爭對打的戰鬥系列遊戲）、霸凌的素材（故事裡有欺負嘲笑弱勢的情節），那些成人認為沒有什麼、很容易分辨是非、虛構跟現實，用來紓壓的內容和方式，在幼小的兒童腦中卻不是用言語提醒或教導幾句便能體會的，甚至之後莫名其妙地在言行方面自傷或傷人而不自覺，釀成憾事。

真正的老師、真實的身教言教，是自己首先做到，實踐過後再教導才有力量與說服力，也能讓孩子看見做到的模樣是多麼帥氣，真的很不簡單，希望爸媽別視之為壓力，而是當作再次提升和共同成長的機會。

三、引導而非下指令，行不通時就換方法

做事的方法未必有唯一的正解，根據每個人的習慣、喜好而有所不同，我們所提供的也只是「自己的」經驗。常被指導而非被引導的孩童少了「如何從一次次的經驗中摸索變得更進步」的機會，思考的能力與意願明顯較差。

「引導」是從旁觀察孩子，透過些許的提示提問讓他摸索如何解決問

題、找到更有效率的方式，但大人還是常忍不住開口指導、出手幫忙，不論是缺乏耐心、懶得解釋或不想等待，都會減少孩子透過嘗試得到的各種可能性，未來遇到新事物、新環境時難以想像預測後果，漸漸不懂如何思考及實作、喪失創造力和想像力。

　　未來的世代，越發力求嶄新的想法，欲脫穎而出、不被潮流淘汰，必須培養孩子跳脫過往的限制框架及窠臼、具備豐富的創意，進而擁有自己的生活風格與思維，前提是爸媽本身也要願意不斷地變化更新、精進自我、提升層次，才能更好地引導他。

四、不斷對孩子強調其寶貴性

　　爸媽對兒女的評價將左右他如何看待自己，記得時常告訴孩子「你真的很寶貴喔！」但別只給予浮誇虛無的稱讚，也別凡事和他人比較，因為我們的社會環境，仍然瀰漫著一股喜愛與人比拚的氣氛，從兄弟姊妹、親戚朋友、鄰居同儕同事到古今中外的優秀人士，無一不是用來相比的對象，每個人承受著因比較而來的壓力，也同時給予旁人與孩子壓力。

　　有句經典的話說：「沒有比較，沒有傷害。」從現實生活中並不難體會這道理，並非鼓勵安逸滿足於現狀不求進步，而是應該衡量拿捏與人比較的標準及用意，欣賞他人的成就、效法成功的，創造自己的夢想憧憬進而轉換為前進努力的動力和目標，否則就淪為「人比人，氣死人」。

　　每個生命皆是如此寶貴又獨一無二，你我都知道「一枝草一點露」，卻又期待兒女不要跟別人「太不一樣」、不特異獨行，便忘記了「因材施教」。擺放的位置決定發光的程度，千里馬常有，而伯樂不常有，再怎麼寶

貴的人也應當按照特質造就及使用才行;「駑馬十駕,功在不舍」,適性而教並努力做到底,通通有一片天,希望父母親能從小看著孩子的寶貴性來教導。

五、堅定持守:相信、忍耐、等待

平均可以使用幾十年的房子也必須經過好幾個月的建造,若偷工減料、沒有處理好細節,便會危及安全或減少年限,何況是跟著人一輩子的內心、精神、想法,更是務求時間造就。

想把孩子打造成傑作,不能期望只用一時半刻或者三言兩語,不是他不肯馬上聽話、不願立即受教,鍛造是需要時間的,更當透過反覆練習,讓腦中的連結與神經突觸長出來形成體質;泥土被塑形後想成為杯子,不能省略火的高溫試煉,過程中一定會有辛酸痛苦,但只要用對方式,剩下的則是相信自己的小孩,忍耐所有邁向成熟的歷程,等待他淬鍊成金,擁有良好的人格和不可取代性,相信這必定是最棒的禮物。

NOTE

NOTE

來自專業治療師的苦口婆心小叮嚀，
讓爸媽放下心，孩子們也能敞開心

作者：黃彥鈞
定價：台幣360元
1書／18開／彩色／頁數：256頁

我小時候曾被認為是個「不乖、彆扭、難溝通」的孩子，
如今，我成為了一名職能治療師，
我想以我的經驗與專業幫助每位無助的爸媽，

學習如何正確解讀孩子的行為，
用愛陪伴他們一起長大。

新手爸媽快來看！新手爸媽別害怕！

臨床案例　×　兒童行為　×　促進發展　×　親身經歷
故事　　　　　推理　　　　　遊戲　　　　　分享

想改變孩子，就從改變自己先做起！

有感‧教養：黃老斯讓爸媽秒懂小孩內心小劇場，親子關係中雙贏

爸媽也能成為小孩的神隊友！

作　　者	黃彥鈞（黃老斯）◎著
顧　　問	曾文旭
社　　長	王毓芳
編輯統籌	耿文國、黃璽宇
主　　編	吳靜宜、姜怡安
執行主編	李念茨
執行編輯	陳儀蓁
美術編輯	王桂芳、張嘉容
封面設計	西遊記裡的豬
文字校對	菜鳥
法律顧問	北辰著作權事務所　蕭雄淋律師、幸秋妙律師

初　　版	2019年09月
出　　版	捷徑文化出版事業有限公司——資料夾文化出版
電　　話	（02）2752-5618
傳　　真	（02）2752-5619
地　　址	106 台北市大安區忠孝東路四段250號11樓-1

定　　價	新台幣360元／港幣120元
產品內容	1書

總 經 銷	知遠文化事業有限公司
地　　址	222新北市深坑區北深路3段155巷25號5樓
電　　話	（02）2664-8800
傳　　真	（02）2664-8801

港澳地區總經銷	和平圖書有限公司
地　　址	香港柴灣嘉業街12號百樂門大廈17樓
電　　話	（852）2804-6687
傳　　真	（852）2804-6409

▲本書部分圖片由 Shutterstock、freepik提供。

捷徑 Book站

現在就上臉書（FACEBOOK）「捷徑BOOK站」並按讚加入粉絲團，
就可享每月不定期新書資訊和粉絲專享小禮物喔！

http://www.facebook.com/royalroadbooks
讀者來函：royalroadbooks@gmail.com

本書如有缺頁、破損或倒裝，
請寄回捷徑文化出版社更換。
106 台北市大安區忠孝東路四段250號11樓-1
編輯部收

【版權所有　翻印必究】

國家圖書館出版品預行編目資料

有感.教養：黃老斯讓爸媽秒懂小孩內心小劇
場,親子關係中雙贏 /黃彥鈞（黃老斯）著. -- 初
版. -- 臺北市：捷徑文化, 2019.09
　面；　公分
ISBN 978-957-8904-91-0(平裝)
1.親職教育 2.子女教育

528.2　　　　　　　　　　　　108011915